U0782875

英语翻译教学理论与实践
创新探索

邓丽平 ◎ 著

吉林出版集团股份有限公司

图书在版编目（CIP）数据

英语翻译教学理论与实践创新探索 / 邓丽平著.
长春：吉林出版集团股份有限公司，2024. 6. -- ISBN
978-7-5731-5176-6

Ⅰ. H315.9

中国国家版本馆CIP数据核字第2024Y1P528号

英语翻译教学理论与实践创新探索

YINGYU FANYI JIAOXUE LILUN YU SHIJIAN CHUANGXIN TANSUO

著　　者　邓丽平

出版策划　崔文辉

责任编辑　王　媛

封面设计　文　一

出　　版　吉林出版集团股份有限公司

　　　　　（长春市福祉大路 5788 号，邮政编码：130118）

发　　行　吉林出版集团译文图书经营有限公司

　　　　　（http：//shop34896900.taobao.com）

电　　话　总编办：0431-81629909　营销部：0431-81629880/81629900

印　　刷　吉林省六一文化传媒有限责任公司

开　　本　710mm×1000mm　　1/16

字　　数　210 千字

印　　张　13

版　　次　2024 年 6 月第 1 版

印　　次　2024 年 6 月第 1 次印刷

书　　号　ISBN 978-7-5731-5176-6

定　　价　78.00 元

前　言

英语作为一门国际通用语言，已成为国际社会广泛采用的交流工具。越来越多的人将它作为第二语言或外语进行学习和使用。随着科学技术和全球化的进一步发展，英语的重要性无疑会更加凸显。

翻译是大学英语教学中不可或缺的一门课程，不管是课堂教学还是日常交流，翻译似乎无处不在。在当今这个快速发展的全球化时代，翻译教学更是面临着新的挑战。

本书以英语翻译理论为研究对象，从不同的视角进一步拓展翻译理论的应用实践，希望能够为英语翻译教学发展提供相应的参考。

笔者在撰写本书的过程中，借鉴了许多前人的研究成果，在此表示衷心的感谢！笔者在撰写过程中难免存在一定的不足，对一些相关问题的研究不透彻，提出的大学英语翻译工作的提升路径也有一定的局限性，恳请各位前辈、同行以及广大读者斧正。

目　录

第一章　绪论 ………………………………………………………… 1

　第一节　翻译的概念 ……………………………………………… 1

　第二节　翻译工作对翻译者的要求 …………………………… 8

　第三节　大学英语翻译教学中问题的解决方案 …………… 11

第二章　英语翻译理论概述 …………………………………… 15

　第一节　关联翻译理论 ………………………………………… 15

　第二节　翻译模因论 …………………………………………… 21

　第三节　错误分析理论 ………………………………………… 31

　第四节　功能对等理论 ………………………………………… 37

　第五节　功能翻译理论 ………………………………………… 41

　第六节　图式理论 ……………………………………………… 48

第三章　基于文化视角的高校英语翻译教学理论与实践探究 … 60

　第一节　文化与翻译的关系 …………………………………… 60

　第二节　文化差异产生的英语翻译误读呈现 ……………… 66

　第三节　中西文化差异下的翻译策略探讨 ………………… 69

第四章　基于生态视角的高校英语翻译教学理论与实践探究 … 72

　第一节　生态与生态教学基础理论 …………………………… 72

　第二节　生态翻译学视角下翻译教学模式的构建 ………… 83

　第三节　英语"3+6"生态课堂翻译教学模式构建 ………… 87

第四节　生态翻译视角下多领域英语翻译教学研究 ……………… 92

第五章　基于网络视角的英语翻译教学理论与实践探究 ……… 101

第一节　智慧课堂在高校英语翻译教学中的应用 ……… 101

第二节　基于翻转课堂的高校英语翻译教学研究 ……… 115

第三节　微课视角下高校英语翻译教学研究 ……………… 131

第六章　信息时代的英语翻译教学模式创新 ……… 145

第一节　信息时代英语教学发展需求 ……………… 145

第二节　英语翻译教学的信息化模式 ……………… 155

第七章　多元化的英语翻译教学模式创新与实践 ……… 163

第一节　基于语言思维的英语翻译教学创新与实践 ……… 163

第二节　基于应用文体的英语翻译教学创新与实践 ……… 179

参考文献 ……………………………………………………… 199

第一章 绪论

第一节 翻译的概念

一、翻译的定义

定义的特点是用简明的语言说明被定义对象的本质。定义的目的就是通过把被定义为对象的事物与其他事物区分开来，进行符合逻辑的思维活动，以免因为概念混淆而影响思维效果和行动结果。下面选一些翻译的定义进行讨论，以期对翻译的本质、翻译的标准、翻译的目的、翻译的策略和方法及对翻译的评价等问题有一个比较立体的认识。

翻译是一个熟悉而又复杂的问题。说它熟悉是因为自从语言产生以来，翻译就开始存在了；说它复杂是因为对"翻译"这一概念的界定多元而不统一。艾弗·理查兹曾经说过，翻译很可能是宇宙进化过程中产生的人类最复杂的一类活动。所以翻译的定义也是仁者见仁，智者见智。学者们从不同视角对翻译进行界定，如语言视角、符号视角、文学视角、文化视角、信息视角、交际视角、原作视角、译作视角、读者接受视角等。

汉语"翻译"在《现代汉语词典》中的定义为：

①把一种语言文字的意义用另一种语言文字表达出来，把代表语言文字的符号或数码用语言文字表达出来。

②做翻译工作的人。

③指翻译行为的结果，即译品或译作。

汉语"翻译"有三个含义：符内翻译和符际翻译、译者、译作。符内翻译指的是语言符号内部的翻译，符际翻译指的是语言符号与其他符号之间的翻译。这个定义是以语言为中心的，只包括单向地把其他符号表达的意义用语言符号表达出来，但不包括把语言符号表达的意义用其他符号表达出来。英语中"翻译"（一词）是"translate"和"translation"，没有汉语中的"译者"含义。

似乎可以将翻译的定义更为简明地表述为，翻译是将一种语言符号所表达的意义用另一种语言符号（也称语符）来表达。这个定义中有三个关键词：语言符号、意义、转换。语言符号是翻译的物质介质，意义是连接纽带，转换是行为方式。至于以上诸定义中涉及的信息、文化、交际活动则在此定义中没有提及，因为语符本身是能指和所指意义的结合体，是信息、文化的载体，语符的主要功用就是交际，语符本身已包含了这些信息，所以翻译实质上就是两种语符间的转换，而两种语符间的信息转换只是更加通俗易懂而已。

但是，随着翻译实践和翻译学的发展，人们对翻译的认识也有了质的变化。翻译的本质是不同形式体现的意义在不同形式之间的转换。能够体现意义的形式有很多，形式在这里完全可以用物质来替代。物质分实体物质和抽象物质，它们本身都是有意义的，因此它们都可以被冠以符号的名称，任何符号之间的意义转换都可以被称为翻译。如用语言描述行为，用肢体语言、图画、信号等其他符号体现文字语言；即使是大脑中清晰或不清晰的思绪也是一种符号，它们都可以用语言描述出来。鉴于此，广义的翻译应该涵盖所有符号和符号系统，那么，翻译行为就是符号或符号系统之间的信息转换，而狭义的翻译才是语符间的信息转换。

翻译的定义有很多，现在只取一部分来讨论一下定义的特征和常见的翻译定义存在的问题。定义的主要目的之一是区分不同的概念。定义有以下特点：

第一，定义是对被定义概念的本质的描述，而非规范性地列举此本质的特征。

第二，概念具有唯一性的特点。如果不同的概念具有相同的本质，那就一定出现了概念和范畴混为一谈的层次错误。必须区分概念和其所属范畴，并对它们分别定义，凸显它们各自的本质，避免出现概念不同但内涵相同、相同概念的表征却存在本质差异的错误。

第三,定义的对象是概念,因此必须有十分抽象的特点。抽象则意味着笼统,而非具体量化,更不能看似面面俱到却多有遗漏。另外,定义抽象的属性也意味着语言表达应该简洁、逻辑性强,而非冗长、忽略其内在的逻辑性。定义是针对具体事物的抽象概念而言的。对概念的界定应该抓住被定义概念的本质,这是审美活动的中心问题,而对中心问题的认识则属于与中心问题相关的部分,它们是"在场的"和"不在场的"关系。对中心问题的认识是对它的深入挖掘。从不同的视角,用不同的认识方式,会挖掘出与中心问题相关的不同因素及它们之间的不同关系。被定义的概念是个体,而对一个概念的认识则必然会涉及其他概念,也必然会涉及范畴。对概念的认识是一个从个体到整体的全面的过程,涉及许多概念与范畴之间的关系。因此,在对概念进行界定时只需明示其本质即可。因为只要涉及对概念的认识,就必然涉及其他概念、范畴等。这种探究可以无穷无尽。在这个认识过程中,无论提及多少概念和范畴,都意味着有更多的概念和范畴被忽略。因此,把对概念的认识引入概念的界定,就会出现定义过长而阐述片面和本质不突出的问题。

因此,在界定概念时,应该区分本质与本质的表征,避免把概念、范畴、层次、范围、程度等杂糅在一起,同时要避免语义重复、语言表达繁简失当等问题。

二、翻译的本质

翻译究竟是什么？这是从事翻译的人一直想弄清楚的问题。在中外翻译史上，许多人从翻译实践和翻译理论研究出发，为翻译下了这样一些定义。

前国际译联主席、保加利亚女学者安娜·利洛娃教授在《普通翻译理论概要》一书中认为，作为一种过程，翻译是一种口头的或笔头的活动，目的在于把一种话语用另一种语言再现出来，并且保持原话的内容基本不变。就翻译的结果而言，译作是原文的类似物。

美国语言学家和翻译理论家奈达在《翻译的科学探索》一书中认为，翻译是指在译语中用最切近而又自然的对等语再现原语的信息，首先是意义，其次是文体。

苏联语言学家巴尔胡达罗夫认为，翻译是把一种语言的言语产物在保持内容方面，也就是意义不变的情况下改变为另一种语言的言语产物的过程。

张培基在《英汉翻译教程》一书中认为，翻译是运用一种语言把另一种语言所表达的思维内容准确而完整地重新表达出来的语言活动。

古今明在《英汉翻译基础》一书中指出，翻译是把一种语言所表达的思维内容用另一种语言表达出来的语言活动。

杨莉黎在《英汉互译教程》中认为，广义的翻译指语言与语言、语言变体与语言变体、语言与非语言等的代码转换和基本信息的传达。狭义的翻译是一种语言活动，是把一种语言表达的内容忠实地用另一种语言表达出来。

杨自俭认为，翻译是译者的一种特殊而复杂的思维活动过程。

王寅认为，翻译是一种认知活动，是以现实体验为背景的认知主体所参与的多重互动为认知基础的，译者在透彻理解源语言语篇所表达的各类意义的基础上，尽量将其在目标语言中映射转述出来，在译文中应着力勾画出作者所欲描写的现实世界和认知世界。

郭著章和李庆生在《英汉互译实用教程》中认为，翻译是一种艺术，一种双语艺术。严格地说，翻译也是一门科学。

李运兴在《英汉语篇翻译》一书中给翻译下的定义是，翻译就是用译语语篇传达原语语篇的信息，以实现原语语篇及译者的交际目的。

陈宏薇在《汉英翻译基础》中认为，翻译是跨语言、跨文化的交际活动。翻译是科学，翻译是艺术，翻译是技能。

冯庆华在《实用翻译教程》一书中认为，翻译是许多语言活动中的一种，它是用一种语言形式把另一种语言形式里的内容重新表现出来的语言实践活动。翻译是一门艺术，是语言艺术的再创作。

　　叶子南在《高级英汉翻译理论与实践》中给翻译下的定义是，把原文中的意思在译文中表达出来。

　　就中外学者给翻译下的定义来看，有这样一些共同的东西：其一，翻译是一种语言活动；其二，翻译的目的是传递信息，进行交流；其三，信息（思维代码）不能失真，传递过程是一种艺术。根据笔者对翻译的研究和翻译实践的经验总结认为，翻译是通过一种语言活动实现两种文字之间所传递的文化信息的有效交流。翻译的目的就是促进各国不同文化的传播和交流；翻译的过程，要遵循文化信息传播和交流的有效途径的目的，要为人们所广泛接受和认同。

第二节　翻译工作对翻译者的要求

随着改革开放政策的日益深化，中外交流日益广泛，翻译工作也显得日益重要。那么，何谓翻译？翻译是把一种语言所包括的思想、所表达的内容以及所隐含的意义用另一种语言恰如其分地、妥善完整地重新表达出来。与此同时，还需克服时空、文化背景、宗教信仰等方面因差异带来的诸多困难。翻译要尊重原著，忠实于作者，贴切地展现其立意和首创性，以求一个"信"字；保持原著风格，体现不同作者、不同体裁的特性，以求一个"达"字；吃透原著，不断地对两种语言进行对比、切换，注意其异同性，提高自身的文化修养，以求一个"雅"字。

翻译既要忠实又要通顺，绝非易事，译者不具备一定的业务素质，是很难胜任的。那么，翻译人员究竟应该具备哪些业务素质呢？

（一）译者要打下扎实的英语基础

一个译者翻译水平的高低，要取决于他对原作的阅读理解力。为了切实提高英语阅读理解力，必须抓好三个环节：一是要掌握足够的英语词汇，缺乏足够的词汇量是很难做好翻译工作的；二是要掌握系统的英语语法知识，确保理解在语法层面不出错误，或者少出错误；三是应该大量阅读英语原著，不断丰富自己的语言知识，提高自己的语言感悟力。

（二）译者要打下扎实的汉语基础

特别是要下功夫提高自己的汉语表达能力。一般来说，一个译者汉语水平的高低，是决定他译文质量的第二大要素。不过，翻译对汉语的要求不同于对英语的要求，后者重在阅读理解，前者重在写作表达。所以，凡是想在英译汉上有所作为的人，必须通过大量阅读汉语原著，通过经常性的汉语写作训练，学会熟练驾驭和自如运用汉语。译者的译语水平主要体现为表达原作的特定内容和特定形式时的灵活变通能力，避免译出生硬牵强的"英语式汉语"。

（三）译者要有广阔的知识面

翻译是传播文化知识的媒介，因而译者的知识结构应该是越丰富越好。译者要掌握一定的专门知识，如翻译科技著作的译者必须掌握相关的科技知识，翻译社科文章的译者必须懂得相关的社科知识，翻译文学作品的译者必须具有一定的文学素养。此外，译者还需要全面了解欧美各国的历史、地理、政治、经济、军事、外交、科学技术、风俗习惯、宗教信仰、民族心理、文化传统等方面的"百科知识"，要通晓译者自己国家的"百科知识"，这样才能在翻译中信手拈来，而不会张冠李戴。

（四）译者要掌握合理的翻译策略

一个翻译者可以不去过问翻译理论，但他绝不会没有自己的翻译策略。译者即使不去自觉地探讨翻译原理，其经历、学识、性格、审美观等也会在无形中帮他形成自己的翻译策略。对初学者来说，应尽力避走偏激的道路，而应选择"适中"的翻译策略，通过不断的实践，熟练掌握翻译的规律、方法和技巧。

（五）译者要养成认识自我、谦虚谨慎的学风

翻译是一项非常复杂、非常仔细的工作，需要译者付出艰巨的劳动。凡是有志于翻译工作的人，必须对这项工作倾注极大的热情，甚至要有一种情有独钟的精神，养成呕心沥血、一丝不苟的作风，绝不允许有丝毫的懈怠和马虎。与此同时，还要虚心向翻译高手学习，吸取他们的经验和技巧，不断提高自己的翻译水平。

第三节　大学英语翻译教学中问题的解决方案

我国当前大学英语翻译教学中暴露出来的种种问题，值得我们每位英语教师深思，因为翻译教育的失误导致学生翻译能力的缺失，解决这个问题已经刻不容缓。以下就从学校和教师两个层面提出几点应对策略。

（一）学校层面的举措

1.改革现有的大学英语课程设置，重视翻译教学

一方面，大学英语教学历经数次改革，改革效果显著；另一方面，现今的大学生经过初高中阶段的英语强化训练水平也不断提高。如果大学英语教学一味地继承以往填鸭式的词汇、语法层面的教学，学生会丧失学习英语的兴趣。改革目前的大学英语课程设置是真正落实重视翻译教学的重要一步。国内现在有不少重点大学已经开始了这方面的改革探索。例如，罗立胜介绍清华大学把单一模式改为三种模式。25% 最好的学生实行"1+3"模式（一个学期的基础英语课程加三个学期的英语选修课程），50% 的学生采取"2+2"模式（两个学期的基础英语课程加两个学期的英语选修课程），剩下 25% 的学生仍然实行目前的 1—4 级单一基础英语教学模式。

2. 根据学校类型和特色，充分利用现有资源建立不同翻译教学模式

每所高校都有其历史和传统，这决定着它们的办学特色和方向，如高校除了大学英语教学外，一般都还有科技英语、专门用途英语教学，财经类高校则相应地开设经贸英语等课程。实践证明，哪个学校所开设英语课程和所办专业结合越紧密，其毕业生就越受到市场欢迎。尽管现在的高校都朝着综合性方向发展，其依然保存着传统的办学精髓。我们可以充分利用现有的资源，根据学校和学生的发展需要，建立不同的翻译教学模式。过去的翻译教学模式，即"翻译教学的目的＝英语水平＋翻译技巧"也要进一步更新和完善。

另外，学校层面需要做的事情很多，如加强大学英语翻译教学师资队伍培训力度，选派教师到兄弟院校访问学习等。

（二）教师层面的举措

教师是在大学英语翻译教学中起关键性作用的要素。教师作用能否充分发挥，直接影响着翻译教学效果如何。针对以上谈到的当今大学英语翻译教学现状和存在的问题，教师应该着手于以下几个方面的工作。

1. 加强翻译理论传授

这里所说的加强翻译理论是那些实用性的翻译理论，如功能目的论、文本类型理论等，并对其核心观点进行概括性的总结、点评，阐述其特色与不足，

培养学生树立正确的翻译理论观。翻译理论的传授重在把握好度，够用即可。

虽然大学英语（翻译）教学不要求掌握深奥的翻译理论，但是对翻译理论流派与特点稍微了解一点，能对翻译实践起到解释和预测性作用。要使学习者知其然又知其所以然，必须强化实务教学的理论指导作用，使翻译实务教学摆脱从经验到经验的错误路子。

2. 加强翻译技巧的对比性传授

在翻译中，翻译技巧是从翻译实践中总结出来的具有普遍适应性的指导规则。

学生掌握一定的翻译技巧能大大提高翻译速度与质量。然而，现在的翻译技巧不仅多得令人眼花缭乱，而且有时还不一定能明辨异同。

有许多的翻译技巧是相对出现的，如直译与意译、归化与异化、神似与形似等。采取对比性传授，可以更形象也更容易地向学生阐述不同技巧或术语的异同，便于学生接受。比如，在讲授直译与意译时，还可以联系到"死译""胡译"或"乱译"，并列举一些经典译例进行赏析和点评。故而，应加强对翻译技巧的对比性传授。

3. 适当增加翻译实践在翻译教学中的比重

由于翻译课时有限，要讲授的内容相对较多，留给学生课堂练习的实践极为有限。这种做法是不可取的。诚如叶子南先生所言，"翻译中并没有多少可以衣钵相传的锦囊妙计，需要的是译者本身对翻译这一跨语言活动的深刻领悟。翻译教学与其说应着重传授几套'拳术'，不如说应该培养这种对中英语言文化异同的洞见与顿悟。只有亲自进行一些翻译实践，才能对讲授的理论方法与技巧有所领悟，才会更好地吸收，达到举一反三的效果。"

4.加大英汉两种语言对比内容的讲授

英语和汉语属于不同的语言文化系统，在思维方式、价值取向、审美情趣等方面都有巨大差异，如我们提倡"天人合一，物我交融"，强调和谐、对称，推崇"心领神会""求全、求满"，而西方崇尚"物我分离""个人主义"，认为整体相对个体而存在。体现在语言上，就有了汉语的阴柔之美、意境之美，是一种"人化"的语言；而英语的逻辑性、理性和语法规则则凸显了阳刚之美和结构严谨、语言明快简洁的特点，是一种"法治"的语言。只有了解了语言之间的差异，才会领会到翻译过程中适当的调整处理的必要性，才能"让学生了解英汉两种语言的内在差异（而不仅仅是形式差异）以及产生这些差异的文化历史原因"。那么，在翻译实践中，"他们就会不但知其然，而且知其所以然，自觉地培养译语意识、遵循译语表达习惯、排除原语干扰，选用译语中最优化的表现方式，传递原语信文，提高译文质量"。

第二章 英语翻译理论概述

学习翻译理论，不仅可以提高学生的理论素养，而且可以帮助学生认识翻译活动的基本规律，更快、更有效地提高翻译实践的能力，达到事半功倍的效果。学习和掌握一定的翻译理论知识是必要的，只有把翻译理论适当地应用到翻译教学中，才可以帮助教师认识翻译的本质和规律，从而有的放矢地开展翻译教学，切实提高翻译质量。如果翻译教学失去了理论的支持，就失去了开展翻译的基础，从而无法科学地培养学生的翻译技能，无法为学生提供更好的翻译策略的指导，更谈不上进一步发展学生的翻译意识了。这样的翻译教学只能是感性的经验上的行为，往往带有强烈的个人经验主义的片面性。因此，在翻译教学中教授基本的翻译理论、揭示翻译学的规律至关重要。

第一节 关联翻译理论

关联理论是一个强有力的理论，它的使命虽然不是解释翻译，但却能有效地解释翻译这一"宇宙历史上最为复杂的现象"，它给翻译提供了一个统一的理论框架，奠定了翻译本体论和方法论的理论基础。在关联理论的框架内，翻译是一个对原语（语内或语际）进行阐释的明示推理过程，译者要根据交际者的意图和受体的期待进行取舍，译文的质量取决于相关因素间的趋同度（convergence）。

一、关联网译理论的观点

关联翻译理论认为，翻译过程是一个明示推理的交际过程。从原交际者的明示行为中通过推理找到最佳关联是译者力争达到的目标，也是翻译研究的原则标准。译文关联性的强弱取决于两大因素：处理努力与语境效果。译者根据最佳关联原则从潜在的认知语境（包括译者的百科知识、原文语言提供的逻辑信息和词汇信息、原文的文化背景信息等）中选择正确的语境假设，从源语文本的交际线索中揣摩出原文作者的交际意图，找出最佳关联，从而取得理解原文的语境效果。译者继而在对译入语文本读者的认知语境和阅读期待做出准确判断的基础之上，灵活运用各种翻译策略，力图使译入语文本在音、形、意上最大限度地向源语文本趋同的情况下，将原文作者的意图准确地传达给译文读者，满足译文读者的阅读期待，即无须花费不必要的处理努力即能获得理解原文的足够语境效果。

二、关联翻译理论对翻译理解阶段的指导

理解是整个翻译过程的第一阶段，非常重要。译文对原文的理解稍有差错，译文表达就不可能准确无误，甚至会差之毫厘、谬以千里。正确理解原文，不能流于肤浅，要深入透彻。根据关联翻译理论，译者要想使理解达到深入透彻，需要充分了解源语作者的认知语境，尽量扩大和源语作者认知语境的共享，然后根据最佳关联原则从潜在的认知语境中选择正确的语境假设，从源语文本提供交际线索的信息意图中通过推理探究出作者的交际意图，找出最佳关联，从而取得准确透彻地理解原文的语境效果。

（一）扩大和源语作者认知语境的共享

关联翻译理论的语境观强调语境具有选择性和渐变性。理解话语就是从认知语境中选择相关假设，以便付出一定的处理努力获得相应的语境效果，从而找到话语同语境假设之间的最佳关联。在话语的理解过程中，新信息被处理后就会成为旧信息，从而使认知环境不断扩大，为处理下一个新信息提供便利。译者和读者共享的认知语境对于成功地传递原文作者的意图提供了一定程度上的保证。因此在翻译教学中，教师应当引导学生考查原文的历史背景并理解作者创作时的处境与心境，从而充分利用共享的认知语境，对全文进行全面、深入、准确的理解。

（二）区分信息意图和交际意图

根据关联翻译理论，意图分为信息意图和交际意图。信息意图是指提供交际线索的意图。交际意图是指语境暗含，它往往在信息意图明示的基础上经过推理而获得。当译者判断原文的信息意图与交际意图重合，即原文的字面意义正是作者本意，而且将原文传译出来后不会影响读者的理解，相反还可以扩大读者的认知语境时，可照译不误。例如：

咱们俩的事，一条绳上拴着俩蚂蚱——谁也跑不了！

We're like two grasshoppers tied to one cord，neither can getaway!

如果字面意思与作者的交际意图差之千里，那就只好舍弃字面意思而传递原文的交际意图了，否则会引起误解甚至闹出笑话。

（三）充分运用推理技巧

通过推理正确理解源语作者的意图是翻译交际成功的前提。因此，在翻译教学中应当培养学生的推理能力，使这种能力在鉴别多义词、解歧、理顺逻辑、推导交际意图方面发挥重大的作用。

1. 消除文中歧义

推理可以起到解歧的作用，因为译者利用认知语境能使原文中歧义句的意义明确化，进而得出正确的信息意图，然后才能翻译。

2. 推导交际意图

译者根据原文提供的背景信息和词汇信息等交际线索，通过处理努力，可以推理出隐含在信息意图之下的交际意图。

三、关联翻译理论对翻译表达阶段的指导

在全面、深入、细致的理解原文的前提下，表达对于一篇译文的质量好坏起着关键的作用。译者在对译入语文本读者的认知语境和阅读期待做出准确判断的基础之上，灵活运用各种翻译策略，力图使译入语文本在音、形、意最大限度地向源语文本趋同的情况下，将原文作者的意图准确地传达给译文读者，满足译文读者的阅读期待，使译文和原文达到最佳关联。因此，要引导学生在表达上狠下功夫，这样才能全面提高翻译质量。

1. 考虑译文读者的认知语境和阅读期待

在跨文化、跨语言的翻译交际中，译文读者对译文的理解受制于其所拥有的认知环境。有时，源语读者所拥有的文化图式、社会经验等在译语读者的认知环境中并不存在，因此语篇内的有关符号无法激活译文读者记忆中的相关图式，从而导致解读的失败。有时源语读者与译语读者所拥有的文化图式迥然不同，译文读者按照自己的认知习惯来解读，从而导致误读。因此，译者为了确保译文读者无须花费不必要的信息处理努力即可正确地理解译文，推断出源语

作者意欲传达的信息意图和交际意图，就需要对译文读者的认知语境做出正确的估计和判断。这一点应该在翻译教学过程中对学生予以明确和强化，在处理富含文化信息的语篇时，引导他们学会通过译文内增词、译文外加注等策略解决译文读者因认知语境中文化图式缺省所引起的解读障碍。

2. 兼顾源语作者的意图和译文读者的认知语境

最佳关联性是译者力争达到的目标，要想使译文获得最佳关联性，必须同时兼顾语境效果和处理努力两大因素。如果读者的认知语境中缺乏相关的信息，或者与源语作者的认知语境发生文化冲突，若一味传递原文的信息意图，那么，读者即使付出了多余的处理努力，也无法推断出原文的交际意图，得不到相应的语境效果，译文无法取得最佳关联。

这一点同样应该在翻译教学过程中对学生予以明示和强化，引导他们认识到翻译策略的选择取决于对源语意图的识别和对译文读者认知语境和阅读期待的估量，只有兼顾两者，译文才能实现翻译交际的目的和效果，才能达到最佳关联性。

第二节　翻译模因论

模因论是基于达尔文进化论的观点来解释文化进化规律的一种新的理论模式。它试图从历时与共时的视角对事物之间的普遍联系以及文化具有传承性这种本质特征进行诠释。翻译作为一种跨文化、跨语言的行为，在切斯特曼看来是"模因在同一文化中通过模仿得以传递，同时也通过语言来传递。但某种模因要跨越到其他文化当中则需要借助翻译。因此在跨文化过程中翻译则成为'模因的生存载体'"。翻译模因论的精髓在于它解释了翻译理论的发展规律并肯定了翻译理论对翻译实践的指导意义。

一、翻译模因论概述

模因（meme）这一概念源于社会生物学，最早见于动物学家 Dawkins（1976）的畅销书《自私的基因》中。基因是传递生物信息的单位，生物体通过基因进行传播而得以生存。Dawkins 希望 meme 这个词类似于 gene，能描述文化现象的进化。他在该书的最后一章引入了与基因相对应的模因概念，并把模因定义为"文化传播的单位，或模仿的单位"。模因论是研究模因的理论，最早把模因引入翻译理论研究的当数 Chesterman 和 Hans J.Vermeer（1997）。Chesterman 把有关翻译本身以及翻译理论的概念或观点统称为翻译模因，如翻译的理论概念、规范、策略和价值观念等。他把翻译研究看作模因论的一个分支，试图用模因论来解释翻译提出的问题，并通过对翻译理论发展史的研究来探寻翻译理论的进化和形成规律。他详细讨论了翻译模因库中的五种超级模因——源语——目标语模因、对等模因、不可译模因、意译——直译模因、写作即翻译模因，发现在翻译理论的进化过程中，有些翻译模因由于不能被普遍接受而消亡；有些翻译模因曾流行一时而最终被取而代之；有些则具有很强的生命力，得以生存和发展。同时通过考察西方翻译理论的进化过程，他发现在某一特定的历史时期都有某一翻译模因处于主导支配地位，而其他翻译模因则处于被压制的地位，从而把西方翻译理论史划分为八个阶段：词语阶段、神谕阶段、修辞学阶段、逻各斯阶段、语言学阶段、交际阶段、目标语阶段和认知阶段。各种模因为了适应社会环境，在不同时期均以不同的面貌出现，不断进行复制和传播，以求生存和发展。

Chestennan 把波普尔的科学哲学观引入自己的翻译模因论，认为翻译模因处于波普尔的第三世界中。波普尔把世界划分成三个世界：第一世界是客观物质世界，第二世界是个人思想、情感的主观心智世界，第三世界是指思想的客观内容，属客观知识世界，即关于思想、理论、论题等的知识，存在于公共领域，不是指存在于个人头脑中的观念（第二世界）。根据波普尔的理论，个人翻译技能的发展来自我们的错误，来自我们以前的翻译实践，来自对他人译作的研究，来自前人对翻译的思考，来自翻译理论和翻译历史的学习。我们通过批评对话和自我批评，从他人的反馈信息中发展自己。因此，根据波普尔的理论，翻译模因，即翻译理论或翻译观念，不可避免地影响译者的思维方式和翻译行为。这也是 Chesterman 对翻译理论与翻译实践之间关系的理解。波普尔接受了达尔文进化论的一个最具挑战的观点，个体发生平行于种系发生。Chesterman 将这一观点应用到翻译能力的习得中。他认为，一个译者的个体发生过程应该遵循翻译理论的种系发生过程；也就是说，一个译者的观点、态度变化过程可能反射出整个翻译理论的发展，反之亦然。这一假设对翻译教学具有深刻的启示。也就是说，我们可以利用个体发生与种系发生的相似性来强化翻译过程教学。这也是为什么必须给学生讲授翻译理论发展史的原因，其目的是使有关翻译理论发展的知识最终成为学生的一种概念工具，并可为学生提供比照来观察自己的学习进程，培养学生的自我意识，使他们有一种亲身参与历史进程的体验。

二、翻译模因论对翻译教学的启示

1. 翻译史教学的必要性

翻译模因的进化发展是动态的，具有历史的敏锐性。翻译史教学可以使学生了解翻译模因进化的来龙去脉和历史渊源，懂得任何翻译模因的变化和发展都是受一定社会文化制约的。在一定历史时期，某一翻译模因处于支配地位时，这一模因就演化成了该时期的规范，而其他模因则处于被压制的弱势地位。遵循规范的翻译被视为正统，而违反这一规范的翻译则被视为错误，或根本就不被认为是"翻译"。因此，翻译模因是历史的产物。翻译史教学可以使学生对翻译模因进化的历史全程有整体认识，深谙模因之间的联系与变化，有利于学生对形形色色的翻译理论有深刻理解，而不只是掌握一些片面、零散的翻译概念，从而避免形成以点代面的错误观念。由于不同阶段的翻译思想都只是突出了翻译现象的某一具体侧面，如果学生对翻译史没有一个全方位的了解，就会像盲人摸象，大家摸到的都是大象的不同部位，但都认为自己摸到的就是大象的全部。因此，翻译史教学能帮助学生把不同的翻译思想整合起来，对翻译现象形成一个全面完整的认识。根据达尔文的观点，个体发生能反映种系发生的规律。那么，教师可以通过翻译史教学来强化学生的个体发生过程。学生可以利用种系发生过程来比照、观察自己的学习进程，使自己有一种亲身参与历史进程的体验，减少学习的盲目性。翻译理论史分为八个阶段，假如这一种系发生过程与译者的个体发生过程一致，那么其中每个阶段都代表着学生个体发展的必经阶段，因此，翻译教学就应该按照这一种系发生的过程规律实施。

"词汇"阶段是翻译学生的起始阶段。初学者自然会采用"词对词"的翻译方法，教师不能一味地抱怨学生过分注重词汇问题，停留于词汇层面，希望学生尽快进入下一个阶段。不要忘了，这是初学者必须经过的阶段，教师应该充分利用这一阶段的特征，做好教学工作。在这一阶段，教师应该围绕词汇进行翻译教学，培养学生的词汇翻译能力。教学内容可涉及词典等工具书的使用、词语的外延意义和内涵意义、词汇语言学、成分分析、词典学、专门词语的翻译等，还可以利用词汇教学展开对"可译性"问题的讨论。

第二阶段是"神谕"阶段。主要强调语法形式和直译。一般来说，大学生往往处于这一阶段。正当的方法是使学生认识到"直译"只是翻译的一种形式，教学内容可涉及 Nida 的最小转换、字面转换和文学风格转换，纽马克的语义翻译和交际翻译，翻译材料可以选用侧重原文形式的文本类型（哲学文本和法律文本等）和要求事实准确的科技翻译。

第三个阶段是"修辞学"阶段。在这一阶段，教学重点应放在学生译文文体自然、表达灵活上，可要求学生针对目标语进行写作训练。尤其是将母语译成外语时，更要强化对目标语驾驭能力的训练。休森和马丁提出的变异翻译模式适合这一阶段的训练。他们认为翻译是建立在两个释义变体集合基础之上的，源语释义集合和目标语释义集合。译者首先生成某一原文的释义变体集合，然后给出其相应的目标语释义变体集合；比较分析两组释义变体集合之间的异同，最后根据目标情景制约因素和规范，从中选择一个最佳译文。这一方法可以训练学生两种语言的驾驭能力。在这一阶段，学生可以学习有关文体学、文本语言学、修辞学等理论概念，同时进行编辑、校读训练。

第四阶段是"逻各斯"阶段。这一阶段主要强调语言的创造力和文学翻译。"杂合翻译"是这一阶段的中心概念，要求学生认识到原文可映射到译文中，译文不可避免地带有外来色彩，学会区分语法次序与信息次序。在许多文本类型中，保留信息次序比保留语法次序更为重要；掌握主述谓结构、强调、有标记和无标记表达等；识别显性翻译与隐性翻译，源语文化浓厚的文本应采用显性翻译，而一般文本可以采用隐性翻译。因此，文本类型是制约译者决策的一个重要因素。使学生明白译者并不总是隐形于目标文本与目标读者之间，有时也现形、在场、显示身份，承担译者的责任；解构主义的翻译观也是这一阶段的重要教学内容之一。

"语言学"阶段主要强调语言学知识的重要性。教学内容应涉及符号学、语义学、语用学等，为学生评估、选择译文提供概念工具；在这一阶段还必须涉及对比语言学的内容，强调对两种语言系统的对比分析。为其译文形式的选择提供依据。

在"交际"阶段，学生必须认识到作为译者、专业交际者的社会形象和社会作用，考虑翻译任务的整体性质，重视翻译交际过程中各参与者的作用。交际阶段不再只关注文本本身，并且关注情景。教学内容可涉及交际理论，如格赖斯的合作原则及其准则、一般语用学理论(礼貌原则、关联理论、顺应理论等)，强调译文的可读性，还可以展开对"对等"观念的讨论，使学生认识到任何交际者都不可能对同一交际做出完全相同的解释。

"目标语"阶段侧重于目标语的文化层面。翻译文本总是嵌入目标文化之中。这一阶段学生可学习多元系统论,练习翻译一些文化负载重的词语、典故等,掌握其处理策略:提高学生对文本操纵的意识,使他们认识到文本操纵是不可避免的,是意识形态作用的结果。因此,译者必须负起责任,学生还必须明白处于支配地位的文本与处于边缘地位的文本之间的翻译是不同的,翻译规范因不同时期、不同文化而发生变化。

"认知"阶段主要关注译者大脑这一"黑匣子",探索译者的决策过程。从个体发生的角度来看,这是译者能力发展的成熟阶段,即自我意识阶段。译者的自我意识也包括对翻译行业种系发展的意识。自我意识可使学生从教条中解脱出来,成为一个自由的主体,一个对自己的行为负责任的主体,而不是一个顺从的客体。

2. 翻译教学必须遵循翻译能力的进化规律

翻译作为一种行为技能,是翻译能力的一个重要方面。切斯特曼认为翻译技能是可以学会的,必须遵循德雷福斯兄弟提出的专业技能发展规律。德雷福斯兄弟把专业技能的进化分为以下五个阶段。

(1)初学者阶段。学生主要学习识别与技能相关的各种客观事实及特征,以获取决定行为的规律。这些特征非常显著，无须语境便可识别。

（2）高级学生阶段。学生经历了更多真实情景后，发现有些特征是因情景变化的，而不能脱离语境。

（3）能力形成阶段。随着经验的增加，识别的情景特征增多，人们很难把所有这些特征都储存在意识之中，因此就必须发展优先选择意识，人们要学会决策的层级程序，包括情景的整体判断能力、制订计划以及选择实现这一计划最为重要的因素的能力。在这一阶段，有能力的学生具有任务目标意识，目标意识决定情景特征的优先选择。

（4）熟练阶段。在这一阶段，人们不再只根据客观规则进行决策，更多的是依据个人经验。根据经验判断某些情景特征比其他特征更为凸显。学生能本能地运用这些模式，而无须解构这些模式，这并不是说整体性就排除分析性，熟练者根据直觉组织和理解任务的同时，也会对要做的任务进行分析性思考。因此，熟练者总是在直觉理解与理性的、审慎的行为之间摇摆。

（5）专业技能阶段。在这一阶段，一切依赖于直觉。有意识的参与被无意识的参与所取代。专业技能不再是分析性的、运算性的，而是非理性的、直觉的。因此，技能习得的整个过程是一个逐渐自动化的过程：从原子分析到整体识别，从有意识反应到无意识反应，从分析性决策到直觉性决策。

在翻译教学中必须遵循这一循序渐进的能力发展规律，起初要刻意培养学生识别各种翻译模因的自我意识。教师要针对各种翻译模因有计划、有步骤地要求学生进行反复的翻译训练，并要求其翻译行为明确地受到意识的监控；随着翻译专业技能的发展，学生识别相关情景特征的能力和选择恰当翻译策略的能力逐渐趋于自动化，最终成为一种直觉，这样，清醒的意识就演变成了学生能够随意运用的一种工具。

在初学阶段，给学生介绍一些典型的翻译策略，要求学生在比较源语文本和翻译文本时识别这些翻译策略，把翻译策略作为概念和经验规则来学习。例如，要求学生找出某一翻译文本中使用的某些翻译策略。

在高级学习阶段，要求学生根据原文分析译文，列举他们观察到的翻译策略。此时，这些基本的翻译策略已是学生非常熟悉的概念了，他们已经具备在具体语境中识别这些翻译策略的能力；也可要求学生通过翻译练习，学习运用某些翻译策略的能力。如要求学生在翻译具有显著特征的、标记性很强的文本类型或段落时使用某一具体的翻译策略，使学生逐步掌握翻译的句法和语法策略、语义策略和语用策略。

在能力形成阶段，主要侧重对学生分析决策能力的培养。要求学生进行译本分析，并阐明译者使用这些翻译策略的原因，译者优先考虑的因素或目标是什么？在进行具体翻译练习之前，要求学生陈述他们将要使用的翻译策略并阐明理由。在熟练阶段，要着重培养学生从分析性思维转向直觉思维。要求学生在规定的时间内完成某一翻译任务。因为时间压力，学生只能依据直觉选择翻译策略，没有时间进行分析思考。翻译任务完成后，要求学生针对所选用的翻译策略进行理性分析、比较和评估。也可进行分组讨论，让学生对各自的译文进行相互讨论和评价，目的在于帮助学生对通过直觉产生的译文进行反思。在专业技能具备阶段，无须实施教学。

第三节 错误分析理论

错误分析即对学生在学习外语过程中所犯的错误进行全面系统的分析，以探索和研究所犯语言错误的性质和产生原因，进而防止或减少语言错误的发生。外语教学的改进与提高依赖于对学习过程的了解，而错误分析理论正是通过分析学生所出现的言语错误揭示学习过程中的一些带规律性的东西，并从理论上进行阐述。因此可以说，错误分析理论的建立是大学英语翻译教学的一大发展。

一、错误分析理论概述

在错误分析理论倡导者科德的《论学生错误的重要性》中，首次阐述并形成了错误分析理论，在目的语中所形成的错误反映了学生对目的语知识的习得还未完全掌握或不全面。由此可以看出，借由错误分析理论来指导外语教学是一大发展与贡献，可以通过对目的语错误的分析来探索学生语言错误的某些规律并进行总结，在此基础上将其上升至理论高度并对其错误的规律性问题统一进行阐述。学生的错误可以为研究人员提供语言习得方法的证据，同时也可以使教师了解学生的学习现状，分析产生错误的原因，有助于人们分析和解决外语学习过程中出现的一些现象与问题，以及研究和了解语言学习的进程。同时，在翻译教学中如果能够通过错误分析理论对学生翻译中的错误进行分析，即可了解其在学习过程中的欠缺和困难，有助于轻重有序地组织教学。对于学生，通过分析错误，可以对其所学的语言规则进行假设性质验证。在国内，也涌现出一批著名的语言学家，对错误分析理论不断进行探索性研究。通过国内外语言学家不断的探索与努力，形成了一系列的错误分析理论，这使得人们在语言学习中改变了对错误本身的认识，不再一味地避免、畏惧错误的产生；同时，认识到可以通过摸索错误本身的内在规律而将其作为语言学习自身和语言习得过程的内在导向。通过大量的研究探索，这一理论必将成为第二语言习得研究中具有积极意义的重要部分。综上所述，错误分析理论具有重大的意义及贡献。它使得错误的本质得到了重新认识，使其演变成为学生语言学习过程中的某种内在导向。语言错误的产生恰恰反映了学生所学的语言正处于积极进步的阶段，不断地进行错误分析是语言学习者或习得者学习过程中不可避免的一个过程。

二、大学英语翻译教学中错误分析理论的通用

（一）资料收集及基本步骤

首先，进行错误语料的收集，此阶段的语料主要是第二语言学生在口语和书面表达中所犯的一些典型错误案例。然后对错误进行分类，可以将收集到的

错误按定性或定量的标准进行分类，确定其类别，之后可对典型错误进行识别或判断，判断的标准可依据是否符合目的语的表达习惯来划定。接下来分析错误产生的原因，使其真正成为语言学习中的内在向导，最后根据错误的严重程度对错误进行评价和分析，最终使其成为教学中的科学依据，从而能够有针对性地制定积极有效的课堂教学策略和规则。

（二）将错误分析理论运用于大学英语教学的实例分析

首先收集错误的语料信息，我们对来自某高校非英语专业大二学生的翻译作业以及测试信息进行了收集。对 120 名学生的错误进行归纳分析，选取了典型的错误语料，错误分析主要从以下三个层次来进行，即语法层次，包含大小写错误、拼写错误、时态错误、标点错误、动词或名词的数错和语态错误等；表达层次，搭配错误、不合目的语逻辑和惯用法错误、自创新词、意思含混不清等；篇章层次，整篇逻辑条理不清和无关联性。

经过对所有学生的错误进行统计可以看出，语际干扰对外语学生的干扰很大，所占比例高达 82%。而语内干扰的错误率并不高，其比例为 18%，对于这一类错误，只要学生能够认真对待并翻阅资料，一般能自行改正。而对于语际干扰所产生的错误，单凭学生自身无法认识到并积极改正，所以教师在上课过程中对文化背景及跨文化知识的讲解就显得尤为重要。只有鼓励学生多了解不同的背景知识，才能使其在翻译过程中考虑到汉英语言各自习惯表达之间的差异，才能减少此类错误。这需要通过大量的汉英翻译练习及教师的逐步引导，帮助学生逐步建立语感，使其意识到英语是一种逻辑性很强的语言，英语句子中各种成分之间的关系十分明确。

三、错误分析法对大学英语翻译教学的作用及启示

（一）加强理论对实践的指导作用，了解英汉语言差异

作为大学英语教师，想要提高学生在翻译过程中驾驭全篇的能力，避免在翻译中屡屡出错，就要有语篇意识并洞悉词在不同场合的搭配用法、感情色彩的差异，不能仅停留在词的字面意义上。从学生的典型错误中不难看出，学生的薄弱环节是容易在用词、语态、惯用法时态、表达方面出错。

目前，一方面，由于大学英语的课时有限，教师不可能专门花费大量的时间去传授翻译技巧，而且在所有大学英语的教材中，每单元都只是在课后有10句左右的英汉互译练习，并没有专门的课程及教材介绍不同的文化背景知识、翻译技巧；另一方面，学生根本不了解翻译的基本原则，又何谈合理运用，所以教师必须为学生补充足够优秀的译文范例，让学生通过欣赏范文来感受诸如直译、意译、同化异化法等不同的翻译方法。

（二）在课堂教学中传授翻译技巧，同时培养学生的独立思考能力

在课堂教学中，教师应通过大量优秀译文的灌输逐步让学生自己体会英汉两种语言思维方式和表达习惯的差异。学生遇到困难时，教师不设标准答案，让学生尽可能多地独立思考，写出有自己想法的多种翻译答案，尽可能让学生多实践。在课堂上，教师还应该列举一些英汉翻译的名篇名句，让学生经常背诵这些名句，慢慢积累，逐步养成英语思维的习惯，之后可以对这些名篇进行深入的分析和解读，让学生切实体会英汉两种语言思维方式的不同，并逐步培养用目的语思维的能力。在对翻译实践训练的过程中，教师首先要冲破障碍，运用错误分析理论去切实培养和提高学生的翻译能力。当然，游刃有余的翻译需要学生双语表达的深层次能力，如果不能达到一定要求，学生就会对原文不甚理解，译文不符合表达习惯，翻译技巧综合运用能力缺乏，等等。因此，非英语专业翻译教学的重点是首先培养和提高学生的语言能力、双语能力，之后再进行翻译理论技巧的训练，启发学生自己找到解决问题的方法。

由于翻译涉及源语和目的语之间的转换，自然离不开英汉两种语言，因此，还要格外注重学生双语基本功的培养。首先要求对汉语源语能够正确把握其结构及深层含义，同时要有扎实的英语语法知识和足够的词汇量，还要求有良好的中英文修辞方面的知识和技能。目前，学生源语言的基本功普遍不扎实，对

于源语言本身就不能很好地把握与剖析，又缺乏翻译中的基本技能。所以，在大学的英语教学尤其是翻译教学中，要重视对学生综合语言技能的培养。首先需要大量的语言语料的输入，只有通过语言信息的大量刺激输入，学生才能初步建立起目的语的思维模式，才能逐步建立起对于目的语所谓的"语感"，才能提升语言应用的技能并将已形成的思维模式输出，并体现在外在的翻译等手段当中。教师应分析学生对目的语的输出错误并寻求其规律，有针对性地制订教学计划并运用恰当的教学方法。

第四节　功能对等理论

一、奈达的功能对等理论

尤金·奈达 1914 年出生在美国的俄克拉荷马州，是当代著名的语言学家、翻译家和翻译理论家。他一生的主要学术活动都围绕《圣经》的翻译展开。在翻译《圣经》的过程中，奈达借助于现代语言学的研究成果，深刻思考在翻译理论研究和实践中遇到的问题，提出了一套自己的翻译理论，最终成为翻译研究的经典理论之一，而他本人则被誉为"西方现代翻译理论之父"。

"功能对等"是奈达翻译理论的核心概念。所谓"功能对等"，就是说翻译时要在两种语言间达成功能上如语义、风格和文体等各方面的对等，不是文字表面意义的死板对应。翻译的作品既要传达出词汇的表层信息，也要能反映出其背后隐含的文化深层信息。由于源语和译语文化背景差异巨大，在翻译时形式很可能掩藏源语的文化意义并阻碍文化交流。要想使所翻译的作品读起来清晰、通顺、易懂，并在译语读者群中产生与源语读者群一样的效果，就必须打破原文的语言结构，改变原文的形式，采用译入语的表达习惯与表达方式。这样才能实现真正的对等：词汇对等、句法对等、篇章对等以及文体对等。

奈达的理论贡献主要在于他以一种新姿态对待不同的语言和文化：任何能用一种语言表达的东西都能够用另一种语言来表达；在不同的语言之间、文化之间能通过寻找对等语，以适当方式重组原文形式和语义结构来进行交流。这些观点非常有助于增进人类相互之间的语言交流和了解。

为了追求等效，奈达的功能对等理论将翻译过程分为三个步骤，即分析、转换与重构。也就是在翻译之前需要对原文进行分析，以正确地认识和把握原文，在转换的过程中创造性地运用另一种语言进行重构，最终准确无误地再现原文。以奈达的功能对等理论来指导大学生进行翻译活动，学生就会尝试按照以上步骤科学地、合理地进行翻译，避免采用以前习惯了的逐字转换的生硬做法，从而使译文符合译入语的词法、语法与句法。

与此同时，以奈达的功能对等翻译理论来指导大学教师开展翻译教学，也为教师提供了一个全新的视角：在翻译教学过程中，不再拘泥于原文的词法、句法和语法；翻译的练习不再只是为词汇、语法服务的辅助练习；对翻译作品的评讲不再像选择题、判断题那样只给出一个固定答案，而是通过相应的指导，鼓励学生对参考译文进行探讨和完善，在比较中逐步提高学生的英语翻译水平。这不仅有助于提高教师自身的教学能力，还有助于帮助教师形成一个正确的翻译教学观。

二、在大学英语教学中融入功能对等理论

（一）词汇层面对等

无论英语还是汉语，词汇是构成语句的最基本单位，而语句又进一步组成段落，因此要达到语义对等，首先应从词汇对等开始。

在汉语的词汇中一个同样的"做"字，翻译成英语时却用了不同的词汇。如果学生在做翻译练习时不对源语言进行分析，没有弄清楚汉语的真正语义就匆忙转换，那么出错就不可避免。因此翻译时首先要弄清汉语原文的具体含义，然后才能转换为相应的英语动词。

汉语中的"浓"不能一概用 thick 来表达，因为英语中对于"茶""汤""烟"有其对应的形容词来修饰。

因此，为了把相同的概念表述清楚，在翻译过程中要将英语中相同的动词和汉语中不同的动词进行对应的转换。汉语作为表意文字，词义丰富且组合灵活多变。而英语是表音文字，在演变过程中采纳了大量的拉丁语和古法语的词汇，形成了现在极其庞大的英语词汇量。因此，掌握庞大的英语词汇和汉语词汇是开展翻译活动的前提条件。此外，译者需具有语用意识。翻译的过程是一个寻求准确的词义对等的过程，所以无论源语多么复杂和富含文化内涵，译者都要能够结合源语词的具体情境，将其转换为自然贴切的目标语词。

（二）短语层面对等

多个不同的单词组合构成短语后，便拥有了更强大的表意功能，让译者在更大的语言单位内转换信息，完成翻译任务。英语和汉语都有大量的短语，因此短语对等在翻译教学中是非常重要的。在平时的教学及课外练习中会有一些相应的短语练习，即给出汉语短语，要求写出英语短语，或者相反。这些短语翻译练习主要涉及一些词语搭配。不可否认，在有些情况下，这样的练习对于大学生成功翻译语句是必不可少的，也是强化大学生英语语言知识的重要途径之一。

（三）句子层面对等

句子是言语交流中最基本的语言单位。要让目标语的接受者最大限度体验到与源语的接受者相似的感受，就要力争在互译中做到语句的对等，即很好地译出源语句子的意思。这往往是翻译的关键之所在。

第五节　功能翻译理论

20 世纪 60 年代，纽马克将翻译纳入语义学的研究范围，贝尔根据心理语言学理论提出了翻译的心理模式。20 世纪 70 年代，以德国凯瑟林娜·赖斯、汉斯·费米尔（HansJ.Vermeer）等为代表的功能翻译理论学派形成，该理论以现代语言学和逻辑思维学为基础，在翻译实践方面具有较强的实用性和可操作性。功能翻译理论是以目的法则为主导的翻译标准多元化理论体系，主要关注翻译目的和译文功能。目的法则、连贯法则及文本类型理论是该理论的核心内容。功能翻译理论打破了文本中心论的翻译研究传统，摆脱了对等翻译理论的束缚。由此，翻译研究被纳入跨文化交际研究领域，拓宽了翻译理论研究的领域。

一、功能翻译理论概述

功能翻译理论的主要构成理论包括：赖斯的文本类型和语言功能理论、费米尔的目的论、曼塔利的翻译行为理论和诺德的功能加忠诚理论。功能翻译理论以目的为总则，把翻译放在行为理论和跨文化交际理论的框架中，实现了翻译理论从静态的语言翻译象征论向动态功能翻译分析法的转化。

（一）凯瑟林娜·赖斯的文本类型和语言功能理论

赖斯认为，译文应该在概念性内容、语言形式和交际功能上与原文对等，即综合性交际翻译；赖斯还认为文本分类可帮助译者确定特定翻译目的所需的合适对等程度，并从两种角度对文本分类：一是根据文本的语言特点和习惯，将文本体裁或变体划分为工具书、讲稿等；二是根据主体交际功能，把文本划分为信息型、表达型和诱导型功能文本类型。

（二）汉斯·费米尔的目的论

费米尔目的论的核心概念是翻译方法和翻译策略必须由译文预期目的或功能决定。基于行为理论，费米尔提出翻译（包括口译和笔译）是一种目的性行为，决定翻译目的的最重要因素是译文预期的接受者。在翻译过程中应遵循三个总体原则，即目的原则、连贯原则和忠实原则。目的原则是所有翻译应遵循的首要原则，即整个翻译过程，包括翻译方法和翻译策略的选择，都是由翻译行为所要达到的目来决定的。目的论把翻译行为所要达到的目的概括为三种：译者的目的、译文的交际目的和使用某种特殊翻译手段所要达到的目的，其中译文的交际目的最为重要。连贯原则指译文须符合篇内连贯的要求，是针对译文语篇内部及与译入语文化之间的关系而言的。忠实原则是指译文与原文之间应符合篇际连贯的要求，是针对译文语篇与原文语篇之间的关系而言的，近似于译文应忠实于原文的说法，但与原文忠实的程度和形式取决于译文的目的及译者对原文的理解。有所不同的是,忠实原则必须首先服从目的原则和连贯原则。目的决定一切,从翻译策略、翻译方法到对原作形式与内容的取舍,再到目标文本的制作,都以这个翻译目的为参照。费米尔把原文只看作一种"信息供源",仅提供翻译委托所需要的信息,而不再是评价译作的唯一或最高标准。译者有权按照翻译目的来取舍其中的信息,是否与原文保持篇际一致是由翻译目的来决定的,忠实于原文只是其中的一种可能性。翻译位于两极之间——遵循目标文化的行为与预期、用目标文化的方式来表达源语文化的特征。这两极间存在多种可能性,忠实于原文只是其中的一种可能性。翻译目的实现的可能性取决于目标文化的条件,而不是源语文化。委托只是间接依赖源语文化,因为翻译不得不涉及原文本,只有在特定的情况下,这个目的的实现才需要依靠目标文化与源语文本的关系。

（三）赫尔兹·曼塔利的翻译行为理论

曼塔利提出了翻译行为的概念,并探讨了包括文本转换在内的所有跨文化转换形式,着重论述了翻译过程的行为、参与者的角色和翻译过程发生的环境三方面的问题。曼塔利指出,翻译和翻译行为是两个不同的概念,翻译行为是为实现信息的跨文化、跨语言转换设计的信息传递过程;而翻译只是文本形式上的跨文化转换活动,在转换中,交际性的语言符号或非语言符号(或两者兼有)从一种语言转换成另一种语言。翻译是翻译行为的具体操作。翻译的实质反映出翻译的三个性质:目的性、交际性和跨文化性。该翻译理论从译入者的全新视角来诠释翻译活动，使翻译摆脱了源语的束缚。

（四）诺德的功能加忠诚理论

诺德从翻译文本、翻译方法和翻译单位等方面阐述了功能翻译理论。诺德的功能加忠诚原则，要求译者对翻译过程中的各方参与者负责，并协调各方关系。翻译使译语文本与源语文本之间保持联系并根据译文预期或所要求的功能得以具体化，从而使客观存在语言文化障碍的交际行为得以顺利进行。诺德从功能的角度划分了文本和翻译的类型。文本有四个基本功能：指称功能、表达功能、诉求功能和寒暄功能。文本功能的不同模式是编写翻译教材和翻译教学课程设置的基础。诺德区分了翻译过程的功能及所产生的译文的功能，并概括出翻译过程的两种基本类型，即纪实型翻译和工具型翻译。纪实型翻译旨在用目标语创作出一个真实反映原文交际活动的文本，记录源语文化的信息发送者和接受者在源语文化条件下通过原文进行交际。工具型翻译的目的是在译语文化中实现新的交际功能，即译文要在译语文化里的一次新的交际行动中充当独立的信息传递工具，译文根据自身目的对源文做出调整。

二、大学英语的语言特点及翻译原则

大学英语是依托英语基本语言为各专业服务的专门用途英语，是英语的一种社会功能变体，属功能性语言范畴，其内容涉及英语语言基础知识、各专业知识、行业习惯、民族习惯、人际关系和处事技巧等。大学英语源于普通英语，既具有普通英语的语言学特征，又是专业知识和普通英语的综合体，因而具有其内在的独特性。大学英语在词汇、句法、语篇和社会四个方面具有显著的特点。在词汇方面，大学英语的语言形式、词汇以及内容等与专业知识密切相关，承载着各专业理论和各专业实践等方面的信息。大学英语具有专业词汇、缩略语和合成词多以借用古词语和外来词语的特点，而且用词正式严谨。在句法层面上，大学英语具有长句突出、以陈述句为主及套语和套句众多的特点。大学英语语句的最大特点在于其简洁严密性，更加注重表达效果的准确性、时效性和逻辑性。在语篇方面，大学英语格式固定，语言正规简洁，风格准确严谨，语气庄重礼貌。在社会角度方面，大学英语具有目的性、信息性和文化背景鲜明的特征。大学英语翻译是一种跨语言、跨专业及跨文化的交际活动，大学英语也具有自己鲜明的文体和语言特色。大学英语翻译是一种复杂的互动思维的心理活动和信息处理过程。翻译主体（译者）的知识结构（图式）与翻译客体（文本）的理解和表达有着十分密切的关系。原文的理解和表达效果取决于译者的双语表达能力、相关专业知识、语言文化知识和语篇知识。

三、功能翻译理论在大学英语翻译中的通用

功能翻译理论注重译作在新的文化语境里的传播与接受、跨文化传递行为

的最终目的和效果和译者在整个翻译过程中所起的作用。因此，该理论为商务翻译活动从宏观角度提供了理论依据。

（一）目的性原则对大学英语翻译的指导作用

功能翻译理论认为，任何翻译都是有目的的或要实现一定的功能，且翻译行为的目的是决定翻译过程的最高法则。在大学英语翻译实践中，基于目的性原则对原文本传递的多元信息进行有选择的翻译，可提高翻译质量，达到预期的翻译目的。商务文本翻译是在源语语篇和目的语语篇之间建立一种功能对等的关系，即目的语语篇和源语语篇在思想内容、语言形式以及交际功能等方面实现对等，完成完整的交际行为。因此，信息传达的真实性和读者效应是商务文本翻译的核心。

（二）连贯性和忠实性原则对大学英语翻译的指导作用

功能翻译理论的连贯性原则和忠实性原则有助于译者较好地实现译文的文本功能。商务文本的一个显著特征就是文本的连贯性，主要体现在文本的程式化和术语一致性方面。因此，就商务翻译而言，忠实性还应体现在译文应精确地传译商务术语，做到译文的简洁、严密和庄重同译文的规范性、整体性以及礼貌和功能等方面的对等。商务文本翻译的忠实性就是要求译文有较高的准确性，这种准确性除了要求对商务术语进行正确的运用外，更重要的是要求译文在传递原文所包含的基本信息方面较少失真。

（三）文本类型理论对大学英语翻译所起的指导作用

文本类型理论是功能主义理论的出发点和精髓。商务文本多属信息型文本，以传递信息为主要目的，又注重信息传递效果的实用文体。鉴于不同的商务文本具有不同的交际目的和功能，翻译策略也不应一概而论。

例如，翻译商务合同时，大多采用"功能性"归化原则，保证相关信息准确传递，有利于贯彻执行，同时要注意这种文体特有的语域特征和尺牍规约。而广告翻译则应以"劝购功能相似"为基本原则，译文应与原文有大致相同的宣传效果、信息传递功能和移情感召功能。

（四）功能加忠诚理论对大学英语翻译的指导作用

功能加忠诚理论从文本功能出发，指导商务翻译译者从认识译文文本在目标语境中的功能出发，使译者在最大限度地忠诚于各方的基础上，力求把译文功能与处于特定语境的源语文本同时加以考虑：既注重译文功能，又兼顾原作者和读者的利益，使译文功能在目标语境中得以充分发挥和实现。这对于信息量大、以文本内容为中心、功能明确的大学英语翻译无疑具有重大的指导意义，有待于商务翻译译者在翻译实践中加以学习和运用。

因此，译者应针对不同的翻译任务和不同的读者需求而采取不同的翻译策略。无论从理论角度还是从实践角度，功能加忠诚理论都对商务翻译起着较好的指导作用。

第六节　图式理论

图式理论在翻译的理解和表达过程中起到了重要的指导作用，它反映了已存在的认知结构在处理外界信息时的主动性。翻译实践表明，译者的相关图式越丰富，对文本的解读能力越强，翻译出来的文本可接受度越大。因而，在翻译教学中，教师有必要激活学生已有的翻译的相关图式，同时也应该帮助学生建立更多新的图式。认真研究图式理论的精髓，尤其是深入分析图式的功能、图式的激活，就会发现它们其实都具有双向互动和动态发展的属性特征，这正是语言产出技能培养方面研究与实践的切入点。

一、认知图式与图式理论

图式本是认知心理学的一个术语，用于表征人类一般知识的一种心理结构。图式在心理学中并不是一个新概念，最早是由康德提出的，后为人沿用并衍生新意。康德认为，图式是过去的知识在大脑中的储存，图式本身并无意义，只有当它同人们周围已知事物相联系或相参照时才会产生意义。在接受新信息、新概念、新思想时，只有把它们同脑海中固有的知识联系起来才有意义。20世纪70年代，心理学家对理解和记忆的研究日渐深入，巴特莱特的理论获得了新的意义，它不再局限于一个心理学术语，而逐渐进入语言学家研究的领域。

在语言学领域，图式理论可以说是关于背景知识在语言理解中作用的学说，即人们在理解新事物的时候，需要将新事物与已知的概念、过去的经历，即背景知识联系起来。对新事物的理解取决于头脑中已经存在的图式。输入的信息必须与这些图式相吻合，图式才能起作用，完成信息处理的一系列过程。如果大脑不具备相关的图式，或者虽然具备了相关图式，但由于种种原因未能激活它，那么就不能理解新事物。

图式包括语言知识、社会文化知识和其他知识。根据这些知识的不同性质和特点，图式可以分为三大类：语言图式、内容图式和形式图式。语言图式是指读者先前的语言知识，即关于语音、词汇和语法等方面的知识。内容图式是指文章的内容范畴，是文章的主题，因此内容图式又被称为主题图式。形式图式通常也被称作文本图式，或者也称修辞图式，是有关各类文章篇章结构的知识。图式理论的发展为语言学、语言教学特别是外语教学带来了新的思维、新的研究途径，同时也为翻译教学提供了新的视角。

二、图式的功能

（一）选择功能与信息的注意、编码和检索

图式的选择功能包括信息的注意、编码和检索，注意是指信息加工能力的取向和集中，编码是对信息进行加工和存储，检索是从记忆中提取信息。这种

选择功能与已有的专业认知图式相联系，可上升为计划功能，即在环境中有计划、有目的地寻找需要的信息。

（二）整合功能与认知的同化、顺应与平衡

与认知的同化、顺应与平衡整合的过程是人们提取存储于自己头脑中的内部信息，将其加到外部信息上，用内部信息处理外部信息的过程。在这一过程中，通过同化、顺化和平衡，实现认知发展。图式正是经过同化、顺应、平衡而逐步构成更高一级的形式。

（三）理解功能与认知的范围、角度与深度

对同一事物理解的角度随着认知图式的不同而不同；认知图式不同，对于相同信息理解的深度和广度也是不同的。一个完整的、正确的图式还可以帮助推测新的事实。

三、认知图式在翻译过程中所起的作用

翻译属于一种语言之间的转换活动，也就是说，翻译是将一种语言用另一种语言进行表达的转换过程。这种过程从表面上看是一种语言活动，但是从翻译的主体即译者的角度来说，翻译实质上是一种思维活动。这就是翻译的本质，是由思到言的过程，思即理解，是对源语文本的正确解码；言即表达，是在理

解源语文本的基础上创造译语文本。随着认知语言学的兴起和发展，翻译研究也展开了新的思维领域。从阅读的心理过程来看，翻译是一个解码和重新编码、理解和表达的过程。译者将源语言所包含的信息在记忆信息中解码并重新编码为目标语言，而在这一过程中，图式理论起着重要的指导作用。因此，翻译交际实际上是原文作者、译者和译文读者三方交流互动的过程。要使交际成功，译者作为原文的读者首先应充分地理解原文作者意欲表达的信息和意图，然后在译文中传递给译文读者。

无论是译者对原文的理解，还是译文读者对译文的理解，在理解过程中接受新信息时，他／她必须把新信息和文本上下文中提供的旧信息以及交际情景相结合，并在自己的认知语境中进行寻找并激活相关的图式，推导出作者意欲传达的意图和信息，从而形成对新信息的理解。

一方面，认知图式在翻译的理解阶段起到指导作用。图式理论在解释文本的理解过程中强调两种信息处理方式：一种是自下而上的加工方式，也被称为"数据驱动加工"，即由词到句乃至到意义的逐步解码过程；另一种是自上而下的加工方式，也被称为"概念驱动加工"，即译者以已有的知识为基础，对文本的意义进行预测以及动态的交互过程。而且，译者要有相关的语言、内容以及形式图式，在被激活的情况下才能正确地理解源语言。对译者来说，拥有的相关图式越丰富，也就越容易理解和进行解码；反之，较少或缺乏相关图式，就会对理解产生障碍。也就是说，阅读时不能恰到好处地运用背景知识，就不能成功地激活图式，阅读理解就会受到严重的影响。因此，在翻译的理解过程中，译者还要善于激活大脑中与源语文本相关的图式，以求对源语文本进行充分正确的理解。

另一方面，认知图式在翻译的表达阶段起到指导作用。可见，读者对译文的理解同样有一个"图式"的问题，图式理论专家指出：要达到正确的阅读理解，读者不仅需要相关图式，同时还必须激活图式。图式不能有效激活的原因之一，是阅读材料没有提供必要的信息。因此，译者的表达既要适合译文潜在读者的"图式"，又要能提供足够的信息以激活读者的图式，使表达能为译文读者所理解。

只有这样，才能使翻译完成从译者对源语文本的正确理解到译文潜在读者对译文的理解，最终实现不同语言与文化的发送者和接受者之间的交流目标。

四、图式理论对培养大学生英语应用技能的作用

图式理论是一种关于人的知识是怎样被表征出来的以及关于知识的表征如何以特有的方式有利于知识的应用的理论。人类的认识依靠记忆中已经存在的图式，面对世界上千差万别的个体，图式能够使人把各种物体区别开来。人们处理外部信息都需要调用大脑中的图式，依照相关图式来解释、预测、组织和

吸收外部信息。可见，图式具有认知的能动性，它既表征知识，又蕴含能力，从中可以就培养大学生英语产出技能问题获取有益的新启示。

（一）构建英语图式知识，增强大学生英语产出的认知储备

大学生虽已具备了相对完整的英语知识体系，但不少学生面对具体的语言产出应用任务时仍无能为力。这是因为语言产出的过程实质上是一个问题解决的过程。学生有无解决问题的办法，不仅与有无足以表达这一命题的词汇量、充足的句法知识、足够的与主题相关的信息等相关，更与这些知识信息在头脑中的组织结构相关，即与其认知图式水平相关。

认知图式不仅是相关知识的集合，而且是人们过去积累的知识、经历以及相应能力在大脑的动态组织，是一种积极的发展模式。大学英语教学应在教学的不同层次上，不断构建、发展和完善学生相关的认知图式，从知识信息和认知图式两方面加强积累和储备，增强学生的语言产出能力。

在词汇、句型教学层次上，应注意构建一些与基本词汇和句型有关的语言图式知识，加强基本句型的教学和强化训练。基本句型及其转换形式能够衍生出无限的实际使用的句子。这正是最基本的语言图式知识。在段落、语篇、文体教学层次上，学生缺乏的不是与主题有关的单个知识信息，而是缺乏这些知识信息的有机结构，即相应图式知识的不足。因此，教学应着重段落图式、语篇图式和文体图式的构建。有了词汇、句型、段落、语篇、文体这些各个层次

的图式知识以及各层次图式的相互联系，再将其与学生的背景知识和语言技能技巧相结合，就能增强学生的英语认知储备，为实现英语产出夯实基础。

（二）发挥图式功能作用，提供大学生英语产出的认知向导

学生语言产出技能的练习过程是一个对目的语不断做出假设并对此假设不断进行修正的过程。图式理论强调两种基本的信息处理方式，即材料驱动和概念驱动。如果说语言材料的接受主要是采取材料驱动的处理方式，那么语言的产出则更多地受益于概念驱动。图式理论对语言产出，尤其是对动态的交际性语言产出的作用，主要表现在推理和预测。图式的固有功能对基于预测的语言产出的准确与流利发挥着重要的导向作用，为实现教学任务提供了契机，主要表现为以下两个方面：

一是发挥图式的选择功能作用，准确地定位信息取向，迅速提取信息。学生的英语产出不是随意的，必然受到认知图式的制约和影响。应以准确的任务要素刺激学生的图式知识信息，引导其提取有价值的信息，组织语言产出。如果在学生已有语言认知图式的基础上，将选择功能上升为图式的计划功能，就能让学生在具体的语言环境中有计划、有目的地寻找实现语言产出所需要的信息。

二是在图式的整合功能和理解功能作用下，对语言产出不断做出假设，并对此假设不断进行修正，实现准确的语言产出，就可以找到不少切入点来推动

这一过程向正确的方向发展。例如，从潜在的众多图式中推理出适合交际情景的一个图式来帮助解释交际中接触的信息内容；在已选择出的图式中进行推理，从而使其各组成部分充分发挥作用；当交际信息出现"缺省值"时，从已有的背景知识中推理出该内容，填充空当，从而达到理解的目的；借助图式为理解交际语言内容提供参照，帮助预测下一步语言交际可能出现的情景和需要准备的语言材料。

（三）激活已有认知图式，实现大学生英语产出的成功突破

语言产出过程中出现的脱节、阻滞或停滞，往往是由于图式激活受阻。学生的图式激活不畅或受阻，可能就在于与主题相关的某单个图式的激活问题，也可能是在于多个图式或整体图式的激活问题，应帮助学生掌握激活图式的途径和方法，突破图式的瓶颈，顺畅地激活受阻的图式，提高语言产出的技能，成功地实现语言产出。在激活图式的两种基本模式中，语言产出技能培养教学更应偏重于"自上而下"的训练，即通过"概念驱动"的途径，激活与主题相关的图式体系，为交际活动和语言产出提供一个尽可能完善的认知图式环境。概念驱动还可以更有效地发挥图式的推测和假设作用，让图式激活过程随着交际和语言产出的进行而层层推进。

图式的激活方法训练，还可参照安德森和皮尔逊提出的关于图式激活的三个假设：第一个假设，与图式相关的任何一个词汇很可能使人们想起整个图式。

这些单词对学生来说具有诊断性的价值，就是所谓的"关键词"。第二个假设，当两个或更多的刺激物被提到时，整个图式被激活。可见图式的激活也有量变和由量到质的转化问题。第三种假设，一旦图式被激活，就可能使人们想起图式的组成部分。这其实就是概念驱动模式的具体运用。

五、图式理论对翻译教学所起的指导作用

图式理论既研究语言理解的本质，也研究语言理解失误或失败的根源，它对设计翻译教学内容、分析学生翻译问题等具有一定的指导作用。

（一）对教学内容设计的指导作用

图式理论的核心是图式激活，即译读者的固有知识与输入的信息产生共鸣或交互作用。图式激活要求译读者具备与所输入信息相匹配的知识以及有效激活（activate）固有知识的策略。由此可见，培养和丰富学生的各种图式，包括语言、修辞、篇章结构、文化和语用等知识，提高学生有效地运用各种图式构建正确语篇意义的能力，应是翻译教学的重要内容。

图式激活理论对翻译教学的意义还在于，它还要求译者的译文要适合潜在读者的图式。翻译中的欧式中文和中式欧文现象往往会影响译文读者有效地激活图式，因此，译者既要具有目的语图式，又要具备沟通两种不同语言图式的能力。被动语句、抽象名词和无生命名词做主语等是西方人客体型思维模式在

语言中的典型表现，而主动语句、具象词等则基于中国人的本体型思维模式。

好的译者往往善于处理两种语言表达的相互转换，因此，帮助学生提高这方面的能力同样是翻译教学的重要内容。此外，以翻译为目的的理解与以阅读为目的的理解有所不同，后者可以是全面的，也可以是对主旨或部分细节的理解；可以是深刻的，也可以是模糊的理解，而前者必须是全面深刻的理解。因此，略读、跳读、猜测或忽略生词等可能是阅读教学的主要特点，而细读、反复推敲则是翻译教学的主要特点。

（二）对分析学生翻译失误的指导作用

学生的许多翻译错误是理解不当造成的，对于理解失误，我们通常可以根据图式理论找到不同的根源，如图式空缺、单向加工或策略不当等，也只有了解了错误的根源，才能做到治本。

1. 图式空缺

图式空缺指读译者的理解失败是由于缺少某种知识结构或图式。无论语言知识还是内容知识的空缺都有可能导致理解失误。

2. 单向加工

有时读译者的理解失败是因为依靠单一的加工模式，或仅仅是逐词逐句解码，或仅凭先存知识来做判断。图式理论专家认为，外语学习者往往更多地依靠自下而上的解码模式。

3. 策略不当

能力强的译者和能力弱的译者的主要区别在于，前者善于根据特定语言环境变换信息加工模式，而后者无论在什么情况下往往只会使用一种信息加工模式。

六、认知图式对翻译教学的启示

图式理论揭示言语理解的本质对认识翻译起着积极的指导作用，从而给翻译教学带来启示。在翻译教学中，教师除了自身掌握图式理论外，还应帮助学生认识图式理论在翻译理解阶段和表达阶段的重要作用，学习有效运用图式的策略，并通过各种翻译实践活动加强学生运用图式的意识。

（一）教师应帮助学生建立和完善丰富的语言图式

"语言是传递信息的工具，没有相应的语言图式，就无法识别原文的句词，也就无法利用原文提供的信息和线索去调动大脑的内容图式和形式图式，更谈不上对原文的理解。"因此，语言图式是词汇、语法和习惯用法等方面最基本的语言知识。掌握了这些基本的语言知识，才能使学生更容易进行解码，消除最基本的翻译障碍。这就要求在翻译教学中，教师应使学生加强方方面面知识的积累，包括对词汇、语法和习惯用法等最基本的语言知识的掌握。

（二）教师应帮助学生建立和扩充丰富的内容图式

所谓内容图示的建立和扩充，就是指对文化背景知识的了解和丰富。"对一个民族文化背景知识缺乏了解，往往是造成阅读困难的一大因素。所以说，内容图式在阅读理解中的作用大于语言图式，它能帮助读者预测信息、选择信息和排除歧义，能加速并提高读者对文章的理解，在一定程度上能弥补语言知识方面的不足。"

（三）教师应帮助学生强化对形式图式的理解与运用

不同文章都有各自的特点和框架。对文章体裁结构的了解也有助于对文章内容的了解，对这些知识的了解就是形式图式的建立。翻译不仅是字词句的理解与表达，更离不开宏观上对语篇层次上的结构分析与理解。因此，在翻译教学中，教师应帮助学生掌握其逻辑关系和内在联系，这样既有助于加深学生对原文的理解，又可以提高学生的思维能力。

第三章 基于文化视角的高校英语翻译教学理论与实践探究

语言与文化有着密切的关系，跨文化交际涉及不同的文化，而不同的文化造就不同的语言。在英语翻译教学中，我们必须重视文化因素的影响。本章主要从文化与翻译的关系、翻译教学的文化转向、翻译误读以及中西方文化差异与翻译这几个方面来分析和研究基于文化视角下的英语翻译教学。

第一节 文化与翻译的关系

一、文化的属性及特征

（一）文化的属性

1. 文化的历史属性

不同时代产生的自然文化、人文文化和科学文化构成人类文化的生态结构。人们对于事物的名称、观念也会随着历史的发展发生变化，一般情况下，可以根据文化词对特定的历史时期大致进行推断。

　　文化的历史属性还在于它动态地反映了人类社会生活和价值观念的变化过程，并且文化发展的基本趋势是随着历史的前进而不断进步的，但偶尔也会在某个历史阶段上出现文化"倒退"的现象。例如，欧洲黑暗的中世纪对文化的专制。但这只是文化发展过程中的暂时现象，不会改变文化随着时代的发展而不断进步的历史趋势。

　　2. 文化的民族属性

　　任何一种文化都与本民族的生产、生活关系密切。同时由于不同民族的发展历程、生产和生活方式、生活环境和生活态度的差异性而衍生出民族文化的独特之处。具体而言，文化的民族属性主要体现在物质的民族化、习俗的民族化及观念的民族化。

　　（1）物产的民族化往往受制于其所处的地理位置、气候等客观环境。

　　（2）习俗的民族化是指由于不同民族受到各自发展历程的影响，形成了独特民族特色的习俗。

　　（3）观念的民族化。思想观念往往是由社会教育如家庭教育、学校教育等逐步形成的人生观和价值观。

　　3. 文化的地域属性

　　文化的地域属性是指由于不同民族所生活地域上地理环境的差异，与之相关的气候、地形、生物以及生产、生活方式、社会结构、风俗习惯等自然、社会背景也会有所不同。

（二）文化的特征

1. 社会性特征

文化作为一种社会现象，其社会性特征主要包括以下两个方面的含义：

（1）文化可以规范人的行为。人作为组成社会的重要分子，其言谈举止受到特定文化环境的影响。社会文化环境会影响一个人的性格及言谈举止等一系列的行为习惯。人在社会中接触相应的文化规范，并掌握一些基本的处事交往的规则。因而人既是社会中的人，又是文化中的人。

（2）文化并不是自然就有的，它是人类通过创造性的活动而逐渐形成的。这个过程就如同树根、贝壳、西瓜等自然物品经过人们的加工之后可以变成树雕、贝雕和瓜雕，经过人类活动的影响，一些自然的东西才成为富有文化内涵的文化物品。

2. 共同性特征

文化是人类改造自然、改造社会的实践活动在物质、精神方面取得成果的综合体现。文化是全人类共同创造的，又为全人类所享有、继承，因而文化具有人类共同性。物质文化以物质实体反映人对自然界的利用和改造，因而具有非常明显的人类共同性。除物质文化之外，在不同社会环境中形成的制度文化、行为文化、心态文化，彼此之间也具有一些共性和相互可借鉴性。

例如，科学技术发明、科技产品及先进的管理方式等，已经成为全人类共有的文化；具有永恒生命力的文学艺术作品，会受到东、西方人们的普遍欢迎和喜爱，如西方莎士比亚的作品、我国曹雪芹的《红楼梦》等文学艺术作品受到古今中外读者的喜爱；一些净化生存环境、维护公共卫生等的社会公德与行为规范也普遍被人们接受。

3.继承性特征

文化是社公历史的沉淀物，是特定历史时期的时代反映，是一种历史现象。因为历史是随着时间的推移而变化发展的，故文化具有很强的历史继承性。每一代人都会继承原有的文化，并在此基础上发展自己的新文化，对社会文化的发展做出应有的积极贡献，由此也促进了历史上文化的不断扬弃和更新。

二、文化与翻译的关系探析

（一）翻译对文化发展的影响作用

一个民族的文化发展不仅要依靠自身文化，还应以辩证的眼光吸纳外来文化。翻译作为吸纳外来文化的有效手段，其对译语文化的作用主要表现在以下两个方面：

1. 翻译对译语文化的发展具有促进作用

翻译作为促进民族文化发展的一个重要手段，在知识和文化的多维传播方面起着重要的作用。

2. 翻译对本民族语言具有促进作用

在引入新思想、新知识的同时，无形中丰富了译语文化的语言和文学，有时甚至对本民族语言的形成起到了促进作用。例如，马丁·路德在对德语译本的《圣经》翻译时，对德语的发展和统一影响很大，对新词汇和语法结构的引进都很有帮助。

（二）文化对翻译的影响作用

翻译作为两种文字间的转换和两种语言体系的接触活动，也是一种文化传输和移植，甚至不同程度文明的接触过程。因此，翻译过程不仅取决于语言因素，而且还取决于心理因素和社会因素。译者作为受到所属文化影响的个体，即使在文化中极力克服其个人的主观因素，但仍带有译语文化的烙印。文化对翻译过程的干预在很大程度上受制于译者在特定社会所形成的独特的文化取向。具体体现在以下两方面：

（1）译者的心态会对翻译风格产生影响

译者心态的开放和保守对翻译风格和内容都有很大的影响。翻译是两种不同文化语言间的转换，在客观上就保存原作风格或吸收外来语等异化或归化的方式对待所译内容。问时，译者在翻译过程中采取哪种翻译方法也都受到特殊时代人们观念的影响。

（2）译本的更迭是文化发展和变迁的结果

无论从历时还是共时的角度来看，不同的译作会对原作有不同的阐释，不同年代的译作对原作的阐释也会给读者不一样的效果。文化对翻译过程的干预也大都通过译作来体现。

三、文化翻译的内涵

关于文化与翻译密不可分的关系，人们几乎没有任何异议，但是对"文化翻译"这个术语的内涵还有争议。

我们认为文化翻译可以从两个方面理解。

第一，文化翻译是一种视角，从宏观的文化视角下考察翻译行为、翻译过程及翻译作用。文化翻译是不同文化之间的对话和交流，通过这种对话和交流促使不同文化的发展和繁荣。

第二，文化翻译是具体的策略和方法，关注翻译文本中文化信息的传递，这是文化翻译参与文化建构的基石。先勾画宏伟的文化建构蓝图，再通过具体的文化翻译策略逐步建构文化交流的桥梁。因此，文化翻译既是认识论，也是方法论和目的论。在认识论的层面，关注文化和翻译的互动关系；在方法论层面，关注具体文化信息的表达；在目的论层面，文化翻译最终的目标是促进文化的多样性发展以及各民族文化和谐共存的文化生态。

第二节　文化差异产生的英语翻译误读呈现

一、文化误读产生的原因

（一）普遍的文化空缺

任何一种文化的出现都是有一定渊源的，不是随意产生的，而是与一定的地域习俗、历史、价值观有着紧密的联系，随着时代的发展、历史的变迁，中西各个民族形成了独具特色的文化，在对英汉语言进行翻译时，会发现源语与目标语在翻译中会出现不对等的情况，也就是在目标语中没有适当的词语与源语的文化相对应，译者如果无法意识到"文化空缺"的现象，仅按照原文进行翻译，则会导致文化"误读"。例如，汉语中的"功夫""麻将""太极""衙门"等就很难找到与之相对的译语形式。

（二）中西文化的内涵存在差异

众所周知，语言与文化之间有着密切的联系，语言是文化的反映，语言中包含着一定的文化信息，而不同民族的文化之间也存在着差异，因此，字面意义相同的语言有时会产生不同的文化联想意义。由于在翻译的过程中，译者对英汉语言的文化内涵缺乏一定的了解，从而导致文化误读现象的发生。

二、文化差异导致的翻译误读具体体现

（一）文化形象的误读

英汉文化中都有其独特的文化意象，因此在翻译过程中，由于译者缺乏对该文化意象的理解，导致翻译中出现了误读的现象。

（二）文体风格的误读

英汉文化翻译中，文体风格方面的误读是一个值得研究的问题。这主要是由于源语与目标语之间的表达方式方面的差异所引起的。这一方面的误读在英汉诗歌文化的翻译中尤为明显。汉语的语言没有严格规定的结构，对于句子间的逻辑关系问题没有一定的侧重，反而更为侧重句子间的意合，这一特点充分地体现在汉语的古诗词中。

汉语的古诗追求的是从诗歌的语言中激发出对诗歌所描述的情、景、物的

意境与韵味，可谓言有尽而意无穷。然而英语是一门结构严谨、逻辑性强的语言，因此对汉语诗歌进行翻译时，为了能清楚、准确地传达出古诗中的内涵，不得不逐字、逐句地对其进行翻译。虽然这样的翻译可以译出古诗中的含义，却导致了文体风格的改变，无法令读者体会古诗中所呈现出的意境，丧失了古诗词中语言美和意境美，出现误读甚至误译的现象。

第三节　中西文化差异下的翻译策略探讨

一、结合现实语境进行翻译

翻译人员在跨文化交际的具体翻译过程中，最应高度重视的就是语言环境。虽然对普通研究人员来说，语言环境问题始终与特定的语言相关，但在实际翻译中，特别是在跨文化交际翻译当中，翻译人员应重视的语言环境并不只是单纯的翻译文本的语言环境，同时还包括源文本的语言环境。只有这样，才能让不同文化背景的交际主体顺利地进行沟通与交流，根据相同的跨文化交际翻译当中的差异性及融合性来有效完成翻译工作。反之则会导致对他国文化语言环境的忽视，进而造成翻译的失误，让信息无法正确地传递给目的语言受众，让他们无法更好地理解与认同翻译文本的内容。同时，还存在一个至关重要的问题，就是某些翻译，虽然在语法上没有任何失误，但在实际阅读过程中没有目的语言的感觉。研究人员将这种情况理解为中文与英文的实际交际问题，该问题也同样存在其他两种不同语言的翻译当中。

由此能够看出，对翻译效果而言，语言环境的重要作用，结合现实语境的翻译方法主要强调的就是依据两种语言各自所处的语言环境，利用增加或是删减语言环境要素来实现翻译活动中真实含义的转达，特别是在翻译文学类作品时，该种翻译方法的现实意义更强。不同国家均有着各自独特的文化体系，中西方文化间的差异性会对跨文化交际翻译造成不同程度的影响。对此，就需要翻译人员对中西方文化进行深入全面的了解与掌握，在翻译过程中，充分遵循得体原则，利用科学合理的翻译方法准确地向受众群体表达真实含义，以此来加强中西方的文化交流与沟通。

二、翻译时了解背景文化

不同类型的英语翻译，其要求不尽相同。以商务英语为例，其使用的词汇要求非常精准，涉的词汇量较大，其中多数具有商务意义，一旦信息失去其原有意味，则可能给公司带来损失。在日常生活中，clear 是清洁的意思，而在商务英语领域，则表示出货和结算。同时，不同的专业学科，商务英语词汇的意义表达不同，经常出现一词多义、一词多用的现象。对英语翻译工作者而言，要深度解析词汇背后的文化意味，进而完整、精准地表达译文内容。

如上分析所述，中西方文化均是历经长时间的沉淀与积累形成，具有多样性、稳定性等特点。英语翻译者做好本职工作的首要基础是，深入了解中西文化差异，不断学习，提高自身翻译水平，更好地应对中西文化差异对英语翻译的影响。在此过程中，可充分借助互联网加强自主学习，不断开拓自己的知识视界，了解外国文化，并注重与中国文化的对比研究，其中，翻译者不仅仅是信息导向者，更是文化传播的使者。

三、适当加词注释

基于中西文化差异的英语翻译，时常出现理解歧义等问题。在具体的翻译实践中，为了最大限度地保留原文文化色彩，避免误导读者，可采用加词注释的方式，帮助读者深入理解。

四、注意采用词义的扩展与相近词意译的方法

文化差异不仅体现与中西方文化各个方面的不同，还有许多文化是一个国家或者民族所特有的，简而言之，即一方所创造且独有的文化。面对这种文化差异，英语翻译者要注意寻找要转化的目标语言的相似词语或者扩展词义，架起不同语言之间差异表达的桥梁，最大化地实现不同语言之间的文化互通。另外，有些词语或者句子在翻译的过程中并非概念或者规定的词语所能表现，因此在翻译的过程中不能根据词语本身的概念意义进行翻译，可以寻找能够表达其真实含义的词语进行替代翻译。

第四章　基于生态视角的高校英语翻译教学理论与实践探究

教育生态学是一门新兴的教育学的分支，它是以生态学为基本原理的，对教育与其周围的环境之间的关系和相互作用进行研究。生态学的一些原理和方法渗透到教学生态学中，而且贯穿于整个的翻译教学生态系统的研究过程之中。本书就是围绕生态学在高校英语翻译教学中的应用进行全面解析。

第一节　生态与生态教学基础理论

一、生态与生态学

（一）生态的重要概念

1.生态的定义

生态一词，现在通常是指生物的生活状态，即生物在一定的自然环境下生存和发展的状态，也指生物的生理特性和生活习性。生态（ECO-）一词源于古希腊字，意思是指家（house）或者我们的环境。

简单地说，生态就是指一切生物的生存状态，以及它们之间和它与环境之间环环相扣的关系。生态的产生最早也是从研究生物个体开始的，"生态"一词涉及的范畴也越来越广，人们常常用"生态"来定义许多美好的事物，如健康的、美的、和谐的等事物均可冠以"生态"修饰。

2. 生态系统

（1）生态系统的概念

生态系统是由英国生态学家坦斯利提出的，即在一定空间中共同栖居着的所有生物（生物群落）与其环境之间由于不断地进行物质循环和能量流动过程而形成的统一整体。如森林、草原、荒漠、湿地、海洋、湖泊、河流等都是生态系统，但是，它们在外貌和生物组成上各有其特点，在生物和非生物的相互作用、物质循环、能量流动等方面都有不同。生态系统是主要的功能单位。

近几十年来，生态系统研究已经成为生态学研究的主流，与人类社会的持续发展有着密切关系。地球上大部分自然生态系统具有维持稳定、持久、物种间协调共存等方面的特点，是长期进化的结果。然而，人类赖以生存的地球环境已经受到严重威胁，温室效应、臭氧层破坏、酸雨、全球性气候变化等问题已经严重地影响了地球这个生命维持系统的持续存在。因此，探索建立持续性生态系统的机理，是研究生态系统规律的主要目的。同时，生态系统的概念和原理已经为许多学科和许多实践领域所接受。

（2）生态系统的特点

尽管生态系统形式多样，大小相差极大，却都具有以下几个方面的共同特性：

①生态系统是生态学上的一个主要结构和功能单位。

②生态系统内部具有自我调节能力，生态系统结构越复杂、物种数目越多、自我调节能力就越强，但是，自我调节有一个限度，超过这个限度，生态系统就很难自我调节到原来的平衡点。

③能量流动、物质循环、信息传递是生态系统的三大功能，能量流动是单方向的；物质循环是循环式的；信息传递则包括营养信息、化学信息、物理信息、行为信息等多方面信息，构成了信息网。

④生态系统中营养级的数目受限于生产者固定的最大能量值和这些能量在流动过程中的巨大损失，因此，生态系统中的营养级数目不会超过5~6个。

⑤生态系统是一个动态系统，要经历一个从简单到复杂、从不成熟至成熟的发育过程，其早期和晚期阶段具有不同的特性。

（3）生态系统的组成

生态系统是由生物与非生物成分组成的，具体分为四大类，即非生物环境、生产者、消费者、分解者。

非生物环境包括以下因素：①无机物；②有机化合物，如蛋白质、糖类、脂类、腐殖质等；③气候因素等环境因素。

（4）生态效率

在关于生产力生态学的研究中，估计各个环节的能量传递效率是很有价值的。能流过程中各个不同点上能量的比值，称为传递效率，奥德姆曾称之为生态效率，但是一般把林德曼效率称为生态效率。

（5）生态系统的反馈调节与生态平衡

自然生态系统是开放的系统，必须依赖于外界环境的输入，一旦输入停止，系统也就失去了功能。自然生态系统的一个重要特点是趋向于达到一种稳态或平衡状态，使系统内所有成分都相互协调。开放系统多具有反馈机制，反馈即系统输出影响系统未来功能的输入，包括正反馈和负反馈。负反馈在生态系统中常见，能够使生态系统达到和保持平衡或稳态；正反馈在生态系统中少见，能够使生态系统远离平衡态，如湖泊遭受污染，导致鱼类数量减少，结果鱼体腐烂加重了湖泊的污染程度，使鱼类的死亡速度加快。

生态平衡是指在一定时间内生态系统中的生物和环境之间、生物各个种群之间，通过能量流动、物质循环和信息传递，使它们相互之间达到高度适应、协调和统一的状态。在生态系统中，能量流动和物质循环每时每刻都在生产者。

消费者、分解者之间进行，是一种动态平衡。当生态系统达到动态平衡的最稳定状态时，它能够进行自我调节和维持自身的正常功能，并能在很大程度上克服和消除外来的干扰，保持自身的稳定性。但是，生态系统的这种自我调节功能是有一定限度的，当外来干扰因素，如火山爆发、地震、泥石流、雷击火烧、人类修建大型工程、排放有毒物质、喷洒大量农药、人为引入或消灭某些生物等超过一定限度的时候，生态系统自我调节功能本身就会受到损害，从而引起生态平衡失调，甚至导致发生生态危机。生态危机是指由于人类盲目活动而导致局部地区甚至整个生物圈结构和功能的失衡，从而威胁到人类的生存。为了正确处理人和自然的关系，必须认识到整个人类赖以生存的自然界和生物圈是一个高度复杂的具有自我调节功能的生态系统，保持这个生态系统结构和功能的稳定是人类生存和发展的基础。

因此，人类活动除了要讲究经济效益和社会效益外，还必须特别注意生态效益和生态后果，以便在改造自然的同时能基本保持生物圈的稳定和平衡。

（二）生态学

1. 生态学的定义

生态是指生物和环境以及各种因素之间相互联系、相互作用的关系。生态学是研究这种关系的科学。"生态学"（ecology）一词是由自然学家亨利·索瑞于1858年提出的，但他没有给生态学明确的定义；德国著名博物学家艾伦斯郝克尔在其所著的《普通生物形态学》中将"生态学"一词定义为"研究生物及其生活过程与环境的关系，尤其是指动物有机体与其他动、植物之间的互惠或敌对关系"。

从此，生态学作为现代科学体系中的一个重要学科得到确立并逐渐发展起来。通常情况下，生态学被认为是研究环境系统的一门学科。"环境"是指相对人类创造的世界而言的自然世界。生态学研究自然界的各要素以及各要素之间的互动，包含了生存、生命、生产的密切关系，同时又体现了整体性、总体性和全面性的特征。

2. 生态学的学科特点

（1）生态学在生命科学中的位置

长期连续的自然选择作用导致了生命现象特有的复杂性，也导致了生命科学研究的特殊性。每一个生物体、每一个细胞乃至每一个生物大分子都是延续了几十亿年的长期复杂的演化过程的最终结果，这就使生命科学成为一门与物理学、化学很不同的，研究对象和内容十分复杂的学科。

目前，生命科学已成为现代自然科学中分支学科门类最多的学科体系。如此众多学科的产生，缘于生命现象的两个基本特点：其一，生命是由一系列在尺度上从小到大的组织层次构成的一个生物学谱。根据最新知识，由小到大排列着生物大分子、大分子种群（相同大分子构成的系统）、细胞器、细胞、组织、器官、有机体、种群、生态系统和全球生命系统，这是生命系统的纵向结构。

其二，每一个层次的结构和功能都极其复杂，并且数量众多、类型各异，如蛋白质大分子有多种，而同一类蛋白质常常存在着大量结构相同的复制品；地球上有上千万个物种，每一物种通常也有数量繁多的个体，在生态学中，既有以特定生物类群为主要对象的分支，如动物生态学、植物生态学等，也有以不同组织层次为主要对象的分支，如全球生态学、种群生态学、个体生态学、分子生态学等；还有与生物学其他分支学科相结合的分支，如生理生态学、遗传生态学、行为生态学等。所以说，生态学是生物学最主要的基础学科之一。同时，由于生态学总是注重生物系统与外部环境相互作用的"边缘效应"，注重与其他学科的交叉，因而也是生物学中活力最强的边缘性学科之一。

（2）生态学的分支学科

目前，生态学已发展为庞大的学科体系，按不同方式可划分为不同的学科：

①按生物组织水平划分，可分为分子生态学、个体生态学、种群生态学、群落生态学、生态系统生态学和全球生态学等。

②按研究对象的分类学类群，可分为动物生态学、植物生态学、微生物生态学、菌类生态学等；人类生态学则由于其研究对象的特殊性而成为一门独立的分支学科。

③按生活环境可分为森林生态学、草地生态学、荒漠生态学、冻原生态学、淡水生态学、海洋生态学、河口生态学、陆地生态学等。

④按交叉学科可分为数学生态学、化学生态学、物理生态学、生理生态学、进化生态学、行为生态学、遗传生态学、经济生态学等。

⑤按研究方法可分为野外生态学、实验生态学、理论生态学等。

3. 生态学的研究内容

第一，生态学以野生生物类群和自然生态系统为研究对象。探索环境与生物之间的作用和反作用及其规律；不同环境中生物种群的形成与发展，种群数量在时间和空间上的变化规律，种内、种间关系及其调节过程，种群对特定环境的适应对策；生物群落的组成、特征与分布，群落的结构、功能和动态；生态系统的基本成分和结构与功能，生态系统中的能量流动和物质循环。

第二，生态学研究人工生态系统和半自然生态系统。研究在人类干扰或破坏后不同区域系统的组成、结构和功能，环境质量的生态学评价，生物多样性的保护和永续利用等。

第三，生态学还以自然—经济—社会复合生态系统为研究对象。探索人在此类生态系统中的地位和作用，协调人类与系统其他成分之间的关系，探索人口、资源、环境三者间和谐发展的途径，以求达到在人口不断增长情况下，合理管理与利用环境资源，保证人类社会持续协调的发展。

二、生态教学的理论架构

（一）生态教学的本质

认识生态化教学的本质，首先，我们必须理解"生态"及"生态化"这两个概念的内涵。生态揭示了生命体之间以及生命体与无机世界之间存在着的一种极其复杂的相互关联。但这仅仅是从生物学角度来认识，并不能揭示"生态"一词的深刻意蕴，有学者从多角度、多视野去审视"生态"，从更高的层次揭示了"生态"超越"生态学"之术语的深远意义，指出："生态不仅仅是一个生物学术语，从学术上讲，生态是一种哲学，一种科学……是包括人在内的生物与环境间关系的一门系统科学，是一门既年轻又古老的自然科学与社会科学的交叉科学……是世界观和方法论，是一种科学的思维方式。"作为一种世界观，它用生态学整体性观点去考察现实事物和解释现实世界；作为一种新的方法论，它以生态学方式思考，在所有与生命有关的领域，应用生态观点，主要是生态系统各种因素相互联系和相互作用的整体观点，生态系统物质不断循环和转化的观点……说明与生命有关的现象及其发展变化，提示各种的相关关系和规律性，认识和解决与生命有关的问题；作为一种科学的思维，是科学认识的生态学途径，用生态学观点思考、认识和解决问题。……科学的生态思维既表现出对人的目的、人的作用和人的未来的关切，也表现出对生态系统、生命多样性和生命体活动环境的关切。这段话语，使我们更深入地理解了"生态"，将生态看作一种世界观、方法论和科学的思维方式，用生态将人、自然、社会联系成一个整体，以此为基础认识和解决各种包括人的、自然的、社会的问题，这种思考方式将有助于我们转换思维方式，更有助于为进一步思考生态化教学的理论架构提供合理的世界观、方法论的指导。

"所谓'生态化'，是将生态学原则渗透到人类的全部活动范围中去，用人类和自然协调发展的观点去思考和认识问题，并根据社会和自然的具体可能性，最优化处理人和自然的关系。"从中文字义上理解，"生态化"中的"化"字是一个使动词，是"使……化"的意思，"生态化"就是"使……生态化"，那么"生态化教学"就是"使教学生态化"之意，即是要将生态学理念渗透到教学活动中去，用生态学的观点和理念（如联系、整体、和谐、共生等观念）思考、认识和解决教学中的问题，挖掘教学本身具有的生态性（生命性），使这些被长久压抑的生态性得到张扬，使生态成为教学普遍的指导。从而，利用这些对教学的本真认识，处理好教学中的各种关系，使人与自然、社会三者在教学中和谐、共生，最终促进学生的知识、技能、情感态度价值观等各方面能力得到最大发展，以及教师的生命价值得以提升，即促进教师和学生生命的整体、和谐发展。因此，就其本质而言，生态化教学在于寻求生命的和谐发展，即尊重教学中的生命，充分体现生命的自主性、能动性、创造性，让教师和学生共同参与教学、共同建构对人、自然、社会、思维等关系的认识，共同建构和丰富个体生命的内涵和价值，促进个体生命的整体、和谐发展。

（二）生态教学目标与生活世界紧密相连

教学源自生活，又是一种特殊的生活，只有回归生活，加强教学与生活的实际联系，教学才能找到其生长点。生态化教学主张教学回归生活，尝试从生态的角度来看待人、自然、社会之间的关系，用生活世界将人、自然和社会紧密联系起来。因此，生态化教学目标必须与生活相联系，紧扣生活世界和人的生命发展，这样生态化教学目标才能实现其存在的意义。

生态化教学目标注重教师和学生生命的全面、整体发展，包括知识、能力、情感态度价值观的发展，注重生命价值的提升，其旨意在促进个体发展，最终仍落脚于个体人的生活，是为了个体更好地以知识为切入点，将其知识、能力等运用于生活，解决现实生活中的实际问题。可见，生态化教学目标也是来源于生活世界，又必须回到生活世界。所以它必须关注教师和学生的生活世界，将生活事件引入教学，拉近书本世界与现实生活的距离，改变教学与生活相脱离的状况；必须尊重教师和学生的生命，尤其是学生的生命，即尊重学生的个性、兴趣和情感，发掘学生的发展潜质，激励学生质难问疑、探究、自主创新和解决问题，使学生得到创造性的发展。

第二节　生态翻译学视角下翻译教学模式的构建

一、"译者中心"对翻译教学原则的指导

生态翻译学强调："在翻译操作的过程中，一切适应与选择行为都要由译者做出决定和实施操作。"这一观点将译者放在整个翻译生态环境的中心地位，认为译者在翻译行为中起着决定性的主导作用，并成为整个翻译实践活动的真正主宰者。传统的翻译教学更注重文本翻译，课堂讲授通常以教师为核心，学生被动地接受相关知识，居于从属地位，从而影响其翻译实践过程中的积极性和创造意识。

在"译者中心"原则的指导下，翻译课堂坚持以学生译者为中心的教学原则，鼓励他们自主选择感兴趣的翻译素材，摒弃教材中陈旧的材料或是被动接受教师选用的例子。以翻译实践为导向，要求学生通过个体研读、集体讨论的方式合作完成翻译任务，并通过相互合作与讨论完成对译作的分析和评价，通过小组讨论、小组互评推选出优秀译文在全班共享。教师仅是教学过程中的引导者，发挥着启发和监控教学过程的作用。这一教学模式提倡把课堂交给学生，学生变为教学过程中的主体和积极参与者，真正体现了生态翻译视角下的"译者中心"理念。通过完善学生和教师在教学活动中的身份和职能，既可以有效发挥

教师的指导作用，又能充分提高和锻炼学生的积极性和创造意识。

二、"适应选择论"对改进翻译教学手段的指导

21 世纪初，胡庚申教授首次将达尔文进化论中的"自然选择"与"适者生存"原理应用于翻译研究，将翻译定义为"译者适应翻译生态环境的选择活动"，提出翻译适应选择论。具体表现在两个方面：一方面，翻译生态环境对译者实施选择，译者接受选择并积极适应，做出"选择性适应"；另一方面，译者又对翻译生态环境进一步适应并做出选择，实现译者的"适应性选择"。映射到翻译教学中，教师作为译者的身份出现，主动适应翻译教学生态环境并做出适应性选择。

"翻译生态环境"是翻译过程中所涉及的诸多要素构成的互联互动的整体。由此，翻译教学生态环境可理解为翻译教学过程中各个教学要件之间有机连接而成的动态系统，整个教学过程是教师多维适应与选择的过程，并促使各个教学要件适应学生的需求。

一方面，翻译教学过程的相关要件，如课程设置、授课对象、教学内容、难易程度以及使用教材等，对教师实施选择，选择具备相应职业素养、能够胜任翻译教学任务的合格教师。教师积极接受这一选择并努力提高自身专业水平，满足学生的学习需求，以充分适应翻译教学生态环境。

另一方面，在适应教学生态环境的基础上，教师为进一步提高教学水平，主动选择符合学生需求的教学模式：首先，基于问卷调查等方式了解学生需求，确立以学生需求为导向的教学理念；其次，根据学生需求调整课程设置方案，改进教学手段，改善传统翻译课堂上学生被动听讲、缺少师生互动、教学效果不显著的弊端，提高学生对翻译学习的热情，使学生真正学有所得。通过教师的"选择性适应"与"适应性选择"，构建出和谐统一的翻译教学生态环境。

三、"生态理性"对完善翻译考核评价体系的指导

"生态理性"讲求动态平衡，提倡多样统一，注重整体关联，这一系列理念对翻译教学测试与评估有积极的指导意义，在翻译教学考核评估方面要积极处理好这三方面的关系。对学生的评价不能单纯以一次考试成绩作为最终考核依据，传统上以教师为唯一评价主体的考核方式亟待改变，需要有一套师生共同参与的形成性评价和终结性评价相结合的考核体系，关注学生学习的整个过程，在不同阶段制定形式多样、彼此关联的考核方式。可以开展教师评价、学生自评、学生互评和小组评价等，对学生的课堂活动参与情况及任务完成情况做出全面评价；还可以采用档案袋评价，如经典译作赏析或背诵档案袋，鼓励学生对学习过程、学习方法以及努力程度等进行持续性反思。学生的考勤也应

成为形成性评价的一部分。这种形成性评价和终结性评价相结合的考核体系，充分体现了生态系统的多样统一、整体关联的观点，达到了翻译考核评价体系的和谐与平衡。

第三节 英语"3+6"生态课堂翻译教学模式构建

一、高校英语"3+6"生态课堂翻译教学模式的原则

（一）生态性原则

生态性原则是指从生态的角度，运用生态学的研究方法，研究观察和分析解决高校英语翻译教学中存在的问题。高校英语翻译教学是生态化语言教学理论下各生态因子间实现信息传递的过程，存在的问题就是生态模式中的结构和功能方面的问题。所以，在研究高校英语"3+6"生态课堂翻译教学模式中，就必须坚持生态性原则，站在生态化环境的背景下，运用生态学的研究方法，通过课堂观察、教学实践等方法实现构建生态教学的目标。即通过搭建和谐和自由的英语教学环境，一方面加强学生对语言的认知和对知识的获取，另一方面实现学生的语言智慧和语言文化的全面发展。

（二）人本性原则

高校英语"3+6"生态课堂翻译教学模式，还要坚持以人为本的人本性原则。要形成学习上以学生为中心，教授上以教师为中心的和谐师生关系，实现教师和学生的共同价值追求。一是要注重学生在语言文化和个人素质上的全面培养，

既要加强学生的语言文化素养，也要让学生形成健康向上的品格。二是要加强教师的专业性培养。优化语言的教学环境，改进教学内容和方法，鼓励个性化教学。三是要围绕教师这个教授中心，提升教师的语言知识和文化知识，发挥教师在教学中生产者和启发者等角色作用。

二、高校英语"3+6"生态课堂翻译教学模式的设计

目前的大学英语翻译教学课堂生态系统出现严重失衡，教材陈旧、教案经年不变、学生缺乏互动等问题非常突出，这些都需重新建构英语翻译教学的模式。我们要对行为主义、认知主义和建构主义进行整合，借鉴生态学理论，构建起高校英语"3+6"生态课堂翻译教学模式。

（一）高校英语"3+6"生态课堂翻译教学的目标

英语"3+6"生态课堂翻译教学的目标是实现学生的可持续发展。可持续发展的观点不仅是一种状态，也是一种产生和流动的过程，可持续发展应该是健康的、和谐的。在教育生态学视角下，教师应重视保护学生自身的特点，珍惜学生的创意和幻想，鼓励他们进步，宽容他们的错误，耐心解答学生的困惑和误解。另外，教师要明白每个学生都有自己的独特性，了解每个学生都有自己的优点和缺点以及不同的英语学习风格，教师不要用同样的标准来评判所有的学生。此外，不管是成绩好的学生还是成绩不好的学生，教师都要给他们提

供相同的机会。此外，英语教师也要重视学生的动态发展。在生态系统中，所有生物都需要进行物质交换，进而与外界环境的能源和信息保持动态联系。实际上，学生的学习过程是流动的、变化的和更新的。鉴于此，教师应该避免设定预期的目标来约束和限制学生的自然发展。所有的高校英语翻译教学活动都应结合学生的生活与成长的需要，而不是关注学生当前的成绩。教师应该认识到学生具有不同的生活经历与知识结构，要重视学生对知识渴求的本能和对创造力的渴望，并将知识灌输给学生，让学生感受到生命的力量和存在的价值。高校英语"3+6"生态课堂翻译教学注重教育学生主动探索外部环境，不断完善自我认知，不仅要追求学生的习得知识和技能，还要尊重学生的自主权，也就是增强他们探索世界的能力。

目前，高校英语翻译教学不再是学生被动地接受知识的"填鸭式"教学模式。英语教师应该创造一种教学环境来引导学生参与教学过程，激发他们的学习热情，提高他们的学习效率与运用学习的知识。高校英语翻译教学模式应该是从以教师为导向的方式转变为以学生为导向，教师应该鼓励学生发挥主观能动性，培养他们独立学习的技能。

（二）高校英语"3+6"生态课堂翻译教学的内容

高校英语"3+6"生态课堂翻译教学的内容首先包括确立生态教学的目标。高校英语生态翻译教学应打破应试教育对学生的束缚，积极引导学生参与到英语实践中来，在课堂上尽可能地让学生展示自己，激发他们的学习兴趣。

高校英语"3+6"生态课堂翻译教学的目标建设的另一个重要考虑因素是教学内容。教学内容设计的核心是促进学生个人能力全面健康发展，实现学生的可持续发展，充分挖掘学生的潜力。教学内容包括语言知识和文化知识。英语作为文化和信息传播的载体，可以被视为一种跨学科的语言，包括自然科学、社会科学等。高校英语生态翻译教学的内容要注重学习西方的文化和习俗，在讲解西方文化的同时，适当增加一些相关的当地文化，促进中外文化之间的交流与发展。除此之外，教学内容还应该包括英语语言知识，要培养学生的语言沟通能力。因此，教师要打破课堂教学的空间局限性，让英语学习变成开放性的生态系统。课堂应该延伸到社会，重视课余学习与课外活动之间的联系，使用英语与外部社会展开互动。此外，学校要结合教学内容和学生的兴趣积极开展各项英语教学活动，包括英语歌曲、英剧、英语辩论和英语演讲等，提高学生的综合素质。

（三）高校英语"3+6"生态课堂翻译教学的评价体系

一个科学合理的评价体系有利于教学目标的实现与教学活动的顺利进行。高校英语生态翻译教学评价体系的内容是形成性评价和总结评价。形成性评价强调对学生学习过程的评价，并结合学生的反馈来诊断教学问题，注重学生的潜力开发与综合能力的发展。英语"3+6"生态课堂翻译教学评价体系不仅包括对学生认知能力的评价，还包括对学生的情感和实践能力的评价。因此，形成性评价可以为学生提供更多的发展，有利于学生综合能力的提高，如听、说、读、写等能力。高校英语生态翻译教学评价体系应以学生实际使用英语知识的能力为中心，包括如下内容：首先是成绩测试与水平考试，考查学生的英语水平，发挥他们在课堂上的主动性。成绩测试考查学生对教材的掌握程度，而水平考试则可以考查学生使用英语的不同水平。其次，构建弹性教学系统。学校要允许不同专业的学生制订个性化的学习计划。弹性教学体系提倡非标准评价，实际上是面向过程的评估。最后，全方位地对学生进行测试。教师可保留学生入学时的英语成绩与每日作业、单元测验等成绩，对学生的英语学习进行定期总结和评估。

第四节 生态翻译视角下多领域英语翻译教学研究

一、生态翻译视角下文学翻译教学研究

（一）生态翻译理论指导文学翻译教学的重要性

在生态翻译视角关照下，文学翻译活动中的译者主体须关注文学文本所处的翻译生态环境，并做出动态选择。在文学翻译教学活动中，教师一方面要提高学生的语言技能，另一方面更要注重学生对社会、历史、文化、宗教等知识的掌握和理解。学生只有在充分理解这些差异的基础上，才能运用生态翻译理论和技巧进行翻译实践，逐步构建翻译各子生态系统之间的动态平衡。

可见，生态翻译的动态平衡是通过强调翻译主客体和外部翻译生态环境之间的相互作用来实现的。以此观之，翻译过程中的师生关系应从传统意义上的"授与受转变为翻译生态环境中翻译活动主体间的平等互动关系"。这样的话，在文学翻译教学中，学生跟教师一样都是译者主体，这是生态翻译教学得以健康运转的关键。同时，学生在文学翻译过程中必须找到并适应自己的生态位，扮演不同的主体角色，真正参与到翻译过程之中。生态翻译的动态平衡不可能仅仅在课堂中完成，还可以利用现代社交群最大限度地营造一个共享共生的生

态翻译教学和实践环境。

在生态翻译环境下，教师作为翻译主体必须引导、组织好学生翻译主体和翻译生态环境之间的关联互动。教师可以根据学生情况选取长短合适、难易适中的文学文本作为翻译材料，按照学生自愿原则将学生分成若干组，分别完成翻译、审校、评价等任务。在这个过程中，教师可根据教学需要对学生的主体角色进行适当调整，但必须保证学生在翻译活动中的高度自主选择性，这既是生态翻译学"适应与选择"的要求，也是文学翻译教学动态平衡的前提和基础。教师主体可以对所选文本的语音特点、文体特色、社会文化背景等进行翻译前的讲解，在翻译过程中，教师可以规定翻译进度，解答学生可能遇到的问题等。翻译完成后，担任翻译任务的小组展示译文，说明翻译的方法和策略、翻译技术工具的应用情况，翻译过程中的困难和解决办法，以及仍然无法解决的问题；担任审校的小组解释翻译标准，提出修改建议等；最后评价小组展开评价，阐释肯定或者否定译文的理由，以及利用什么样的翻译技术来验证译文等。在整个展示过程中，各个小组有权给予对方评价和建议，各个小组也可以对自己的译文展开争论，翻译就在这样一个相互讨论的生态系统中产生。

（二）生态翻译视角下文学翻译教学策略

1.制定文学翻译生态教学目标和教学内容

在生态翻译学关照下，文学翻译教学生态平衡牵一发而动全身，学生源语和译语两种语言听、说、读、写综合能力的高低直接影响着文学翻译水平的高低；反过来，文学翻译对学生双语的听、说、读、写有很好的促进作用。可以说，文学翻译教学是通过翻译行为掌握翻译艺术的同时，也是学生源语和译语两种语言学习和提高的过程。根据这一教学目标，我们制定了相应的文学翻译课程教学模块体系：第一，语言基础模块。这一模块重在提高学生的双语运用能力，减少或消除译者母语对源语的负迁移的作用。这一课程模块对文学翻译的初级阶段非常重要，它决定着译者今后文学翻译能力的发展潜力。第二，文学翻译理论模块。理论课程旨在让学生掌握和运用文学翻译理论，了解翻译学特别是生态翻译学理论的最新动态，从理论层面上让学生认知和理解文学翻译的产生，为翻译能力的提高打下理论基础。第三，翻译技术模块。这个模块主要有语料库、网络共享技术、搜索查询技术、社交平台等。语料库主要包括各类文学特别是生态文学文本材料，这是技术模块最重要的部分。选取生态文学文本作为主要翻译语料，一方面可以让学生更好地理解生态理论各方面的知识，另一方面可以更好地将理论与实践相结合，提高学生的翻译能力。现代信息技术的充分利用，可以让学生迅速获取翻译知识和信息，自觉、主动提高信息技术应用能力。

2. 创造和谐融洽的文学翻译教学生态环境

翻译生态环境指"影响翻译主体生存以及发展的外界因子的总和"。翻译生态教学环境由大环境和小环境组成，简单来说，课堂和学校环境提供的校内翻译资源就是小环境，课堂之外的社会以及社会资源就是大环境。那么，文学翻译教学过程中教师主体及同事、学生主体及学习者、教学内容、教学方法和手段、课堂以及社会环境和社会资源等生态因子的总和就构成了文学翻译教学生态总环境，环境是否和谐融洽关系着文学翻译教学生态环境动态平衡的建立。在文学翻译课堂教学中，"教师可以不断创设并适应新的课堂教学环境，在课堂上能够扮演多种身份，如示范、评估、规划、开发、协助、供给等"。这样既有利于形成文学翻译课堂教学的"活水效应"，规避了"花盆效应"，也有利于文学翻译课堂健康有序的生态环境构建。在信息化时代，我们在构建文学翻译教学课堂小生态环境的同时，更要充分利用社会等大环境及其各种资源，以此弥补课堂教学中时间短、资源相对缺乏的不足。同时，我们鼓励学生多阅读文学文本，选取学生日常生活中感兴趣、篇幅不长的文学文本作为必读和翻译材料，将阅读与翻译相结合，呈现一种真实"生活化"的文学翻译教学。在这样的环境下，教师、学生、课程资源和网络就形成一种动态交互关系，教师根据教学内容、学生水平、教学技术的使用条件对整个教学进行动态调整，以此形成文学翻译教学的动态平衡。

二、生态翻译视角下的商务翻译人才培养策略研究

（一）商务翻译的生态环境

生态翻译理论指出翻译的发展离不开其所在的生态环境，翻译和生态环境之间存在协同进化的关系，翻译活动是译者适应翻译生态环境而进行的选择活动。源语、目的语、源语环境、目的语环境等各因素互联互动。作为翻译的主导，译员在上述四要素之间主动搭建生态链接，同时融入文化、交际、社会等诸多要素，形成独特的翻译生态环境。这一阶段是译者主动适应翻译生态环境的过程。接下来，在产生译文的阶段，译员需要不断地进行"多维"的适应和至少"三维"的选择转换，才能产出恰当的译文。将该理论移植到商务翻译中，首先应该把商务翻译的整个过程看作一个庞大而复杂的生态系统，各个要素通过多元化手段相互链接，构成一个动态的商务翻译生态环境。当前，国际商务环境呈现出全球化、一体化和低碳化的趋势，译者要紧跟这个变革步伐，做好"事前预防"，也就是积极适应国际贸易、投资、金融、政治、法律、文化、技术等商务环境的变化，结合区域经济社会发展对人才需求的调整，以市场为导向，主动学习更新相关知识。在商务翻译的实践阶段，译员根据具体的语用场景，快速准确地进行语言信息的转换、文化内涵的传递和交际意图的转达。在翻译过程中，译员适应转换的维度越高，做出选择的适应性就越高，产生译文的整

合适应选择度就越高。反之，译员在商务翻译过程中因"多维度适应"和"适应性选择"失败就会造成自身不能适应商务翻译生态环境或由于译文质量不高，惨遭"淘汰"。

（二）生态翻译视角下的商务翻译人才培养方案

生态翻译学在构建翻译理论崭新研究范式的同时，对翻译教学改革发挥着重要的指导作用。但现有研究集中在翻译教学方法和手段的改进，对于整个翻译教学课程体系，特别是商务翻译课程教学体系的构建还有待进一步深入研究。因此，本书将探索生态翻译理论指导下的商务翻译教学与实践体系的构建。

1. 商务翻译人才培养目标

无论是语言习得还是翻译教学，语言环境会直接影响学习者的情感状态。因此，生态翻译教学应重视生态环境的构建。以生态翻译适应选择论为指导，将生态翻译中的自然生态与翻译生态之间的关联序链延伸到商务翻译教学模式上，构建"自然生态—商务翻译生态—商务翻译教学生态"的三环序链，搭建符合商务翻译学习规律，为学习者提供充分的中英翻译养（语）料，和持续生存（学习）动力的生态环境。此外，生态翻译的平衡论要求翻译的生态平衡，即理论与实践并重，因此，商务翻译人才的培养一定要秉着厚基础、重技能的原则，志在培养双语能力过硬、知识面宽广、翻译实践能力强、有一定专业倾向（商务）的复合型人才，培养学生全面和可持续发展的能力。

2.商务翻译课程设置

生态理性是构建生态翻译学话语的指导理念，讲求动态/平衡、提倡多样/统一、注重整体/关联，其整体性、有机性、关联性和过程性与商务翻译学科属性十分吻合。作为专门用途英语（ESP）的一个分支，商务翻译是现代商务与应用语言学的结合，其跨学科特点要求学生不仅要掌握一定的商务基础知识、基本的翻译技能，还要具备从事商务翻译活动的跨文化交际等能力。因此，构建商务翻译的生态环境，课程体系的设置要注重系统性、科学性和多样性。商务翻译教学不等同于单纯的外语或翻译教学，涉及语言知识、交际技能、商务知识、翻译技能和文化背景等层面，不仅要有理论讲解，更要注重实践运用。在翻译教学中应正确处理好语言技能与人文知识、实践教学与理论教学、信息技术手段与传统教学手段这三对关系，使它们达到和谐与平衡。

具体而言，首先，课程设置应以学生未来职业和发展需求为出发点，以市场为导向，不断更新完善教学大纲和教学计划，做到"产教结合，工学一体"。其次，课程设置要遵循商务翻译自身的应用型交叉学科特点，设立模块化、系统化、弹性化的课程体系。此外，要注重知识与技能的结合，培养学生的实际应用能力，突出实践应用型特色。通过优化各种教学资源，鼓励学科间的交流与资源共享，增强理论课程的实用性，突出实践课程的真实性。并积极利用现代信息技术手段，打造网络化的自主学习平台，使学生学习、教师教学处在一个动态的和谐环境中，良性互动，合作交流。

3.商务翻译评价体系构建

生态翻译理论讲求"整体纵观"，强调相互关联、相互作用的整体性，因此，翻译教学评价也要以译者为中心，实现多维度的转化与适应，构建多维度的翻译教学评价体系。

首先，建立以"译者为中心"的综合评价模式。译者的能力不应局限于中英双语的转换能力层面，还应包括商务知识、文化礼仪、跨文化交际能力、健康的心理素质、良好的职业服务意识和职业道德意识等。

其次，将"同伴""自我"引入其中，优化多元主体评价，建立生态评价群落。扩大评价主体的同时，细化评价内容，将学生的学习效果、学习方法、学习态度、学习情感、参与程度等量化考察。在这一生态评价群落里，评价者与被评价者地位平等，积极互动，学生主动参与、自我反思、自我发展。

最后，融合前瞻性评价和发展潜力评价，促成动态的形成性评价模式。借鉴生态翻译"事前预防"规律，做好前瞻性评价。商务翻译课程开课初期，在参照低年级学业成绩的同时，以访谈、问卷等形式收集学生英语水平、翻译技能、商务知识、心理素质等层面的信息，做出初步评价。以此为依据，做好"译前教育"，通过心理疏导，情感关注，端正学生学习动机，打消畏难情绪，激励学生积累相关知识。翻译教学过程中，既要注重课堂教学，也不能忽视校内外的实习实训。全程观察、记录、评价学生在课内外的多维选择适应表现，也就是在翻译过程中由学生去做适应性的选择，在每个阶段的选择之后，对学生的选择，特别是对最终的成果给予评判与处理。

第五章　基于网络视角的英语翻译教学理论与实践探究

近几年，网络技术的发展为教育教学提供了有效的技术支持，极大地改善了当前教学方法单一的现状。在网络技术的支持下，英语教师可以搭建网络教学平台，并在平台上进行检测，这样大大减轻了教师的工作量，可以使教师有更多的时间与精力去给学生提出个性化的建议，增强了教学的针对性，提高了翻译教学的效果。本章就从智慧课堂、翻转课堂以及微课三个方面论述网络技术在英语翻译教学中的应用。

第一节　智慧课堂在高校英语翻译教学中的应用

一、智慧课堂概述

（一）智慧课堂的概念

唐炜伟等人立足于智慧教育视角，认为构建高效智慧课堂目标在于培养学习者的主动性，使其达到愉悦学习的状态，生成质量高、效果佳的课堂。只有为技术与课堂搭起一座桥梁，才能使得信息化时代下课堂的智慧化、高效化、多元化和功能化齐齐迸发，共创智慧高效课堂学习环境，共达优质课堂效果。

卞金金和徐福荫认为智慧课堂教学模式有助于学习者构建自我的学习体系、优化个人学习过程，以数据定学习方法和步调，进而完善自我认知体系，培养学习兴趣。刘邦奇认为智慧课堂是以建构主义学习理论为依据，利用大数据、物联网、移动互联等新兴信息技术打造的智能、高效的课堂。庞敬文等对智慧课堂的观点是学习者应该投入到以信息化环境、高新技术为依托的课堂中，变革教育教学模式，使得学习者接触到愉快的、个性化的、智能化的新型课堂。

基于以上研究者对智慧课堂的理解，本书认为智慧课堂是指学习者在一定的智慧化环境中，以先进的信息技术手段为依托，在高新技术与课堂高度融合中开展生动高效而又智慧的课堂教学活动，利用大数据技术收集、比较、分析、改进学生的课堂学习行为，变革传统教学模式，创造个性化学习环境，构建高效智慧课堂。

（二）智慧课堂的基本特征

1. 数据动态化

智慧课堂集数据于一体，通过系统的方法与策略采集学生的学习行为信息，分析教学过程产生的数据，依据生成的直观数据结果重构教学策略与流程，实时动态了解学生学习状况，形成动态开放且灵活的课堂，为发掘学生潜能、培养学生高智慧能力、培养学生思维创新能力等提供数据动态依据。

2. 实时个性化

教师可以根据学生的学习需求，通过智慧化平台实时地向学生推送个性化学习内容及资源，能够实时对小组之间合作探索与交流进行评价与反馈；教师可即时检测、评阅学生知识掌握程度。这样不仅教师可以实时地掌握学生学情、及时调整教学策略，学生也可根据个人的学习反馈情况及时调整学习方法。

3. 高效互动化

在引进高新教育产品的智慧课堂环境下，教学过程中采取小组协作探究、交流与协商讨论等方式，使课堂更加高效化，充分体现出高新技术在课堂上的辅助功能，学生端的设备抢答器、教师端的设备随机挑人等都调动了学生的积极性，师生之间的交流方式变得立体高效互动化。

4. 多元智慧化

智慧课堂中，互动教学系统嵌入大数据技术将课堂中每一位学习者的数据采集下来，再利用数据挖掘分析学习者的学习数据，进而有依据地对学习者的学习情况进行效果评估。智慧课堂模式下的教学充分利用移动学习工具和应用系统平台，使得整个课堂充满技术与智慧元素，通过智能获取与分析课堂教学过程中的多元化数据，智能监测学生学情，构成多元智慧化的课堂。

5.工具丰富化

在智慧课堂中，技术的融合提供了大量丰富的学科学习工具并嵌入了具体化的情境，为学习者自我知识体系的建构提供了智慧环境，对于基础知识的建构、方法的掌握、技巧的应用等都具有一定的建构意义。

大数据环境下的智慧课堂模式集数据动态化、实时个性化、高效互动化、多元智慧化及工具丰富化特征于一体，充分体现出了课堂优势，在智慧化课堂环境下开展教学活动不仅提高学生学习的兴趣与动力能力，也能促进学生思维能力的培养，解决问题方法的掌握。从学生的角度来看，学生不但可以直观获取课堂活动的数据，及时分析实时学习效果，为知识掌握情况提供可靠的依据，进而改变自我学习策略，促进自我智慧的生成；从教师的角度来看，有助于教师革新课堂教学方式与手段，有助于教师通过课堂上的学情反馈来及时调整教案，确保课堂的有效性和高效性。

（三）智慧课堂对传统课堂的挑战

随着信息技术的不断发展，智慧课堂模式在教育领域脱颖而出，这不仅仅为教育变革带来了机遇与挑战，也推动着教育信息化向高速发展通道行驶。当然传统课堂的存在与不可否定的落后也给教育者带来了更多的思考，变革传统课堂是教育者需要深思的方向，如何变革传统课堂是教育者需要探究的出发点，变传统课堂为高效智慧课堂是教育者需要追求的落脚点。信息技术高速发展的时代带来了教育信息化的春天，也同样开启了教育模式向智慧课堂模式转变的通道。

传统教学模式中教师无法时刻掌握学生的学习动态，只能凭借自我感觉来操控整个课堂，跟随着时代的步伐，课堂上逐渐融入了强大的信息技术与大数据技术，教师可以根据实时采集到的数据信息来动态地掌握学生阶段性学习情况，可以掌握课前预习情况、课中学习情况、课后自我检测情况。利用及时反馈系统来掌握和分析学情，及时调整教学策略与方法，达到灵活教学的效果，为学生分配个性化任务，开展分层教学，有针对性地助力学生完成学习目标，达到学生合理建构自我知识模式的教学目的。基于大数据架构下的智慧课堂模式的出现无形地调动了学生课堂上学习与参与的积极性，利用技术更好地落实教师的主导地位与学生的主体地位，能够及时重构教学方案，促进师生共同学习、共同进步、共同发展。

二、智慧课堂构建的策略

（一）构建完善的信息化软硬件环境

智慧课堂构建的基础是具有先进、方便、实用的信息化技术设备，常用设备包括以下三部分：

微云服务器：提供本地网络、存储和计算功能服务。在课堂上，教师可以自主决定和独立操作，录制整节课或者其中部分时间段，录制、编辑和上传同步进行，方便简单的实现本地存储。老师和学生，通过覆盖校园的无线局域网，及手机、平板电脑等移动终端设备，实现随时随地的点对点的交流互动；同时也可以通过互联网，实现学校之间、地区之间的交流。

终端设备：老师可以通过终端设备，进行备课、授课、发布作业、批改作业、提问、解疑、了解学生情况等工作。学生可以通过终端设备，进行接收作业任务、提交作业、寻求答疑等学习活动。终端设备的使用，就是让课堂不再受教室的空间限制和课时的时间限制，将智慧课堂的时空无限扩展，老师的教学更有效率，学生的学习也更具参与性和积极性。

专用平台系统：在硬件基础上，要开发出适合实际需要的平台系统。例如教学资源库，为老师和学生提供海量教学学习资源；交流平台，方便老师之间、师生之间和生生之间的安全、便捷交流互动；教学服务平台，从教案设计到作业批改，实现模块化和标准化，提高效率和质量；学生管理平台，对学生个人情况和学习情况进行汇总分析，为老师的授课提供数据支撑。

（二）预设合理的教学目标

智慧课堂的首要环节是进行教学目标的预设。教学目标的预设，要遵循新课改提出的知识与能力、过程与方法、情感态度与价值观的三维目标原则。老师要根据所要进行的教学内容特点，依托信息化技术课堂条件，结合学生实际情况，预设出合理的教学目标。

（三）进行科学的学情分析

学情分析是指全面地了解学生情况，包括学生个体情况、心理状况、对已学知识的掌握程度等。老师必须在课前认真进行学情分析，本着以学生为中心的理念，确保教学过程中的每个一环节，都符合学生具体情况。在具体实践中，老师可以利用信息技术，为每个学生建立电子学习档案，内容可以涵盖性格、认知能力、对学习的期望、爱好、特长、生活经验以及经济、文化及社会背景等诸多方面，并及时统计分析各种情况，为有的放矢地制定教学设计提供依据。

（四）引导学生进行有针对性的预习

依据教学目标，结合对学生档案的分析，老师便可引导学生进行有针对性的预习。智慧课堂的预习，重点要关注两个方面。

一是预习资料。网络是智慧课堂教学资源的主要获取途径。在选择预习资料时，首先要针对本堂课的内容，有针对性地进行选取；其次要注意获取方式，对于有普遍意义的资料，可以提供给学生网址，让学生自行查阅；对于有针对性的资料，可以通过电子邮件等途径个别推送，因材施教。

二是预习测评。预习测评是老师了解掌握学生预习效果的重要方式。在智慧课堂的预习中，老师主要通过网络，发放预习测试题来实现。预习测试题的设计要坚持目的性、主体性、知识性相结合，要符合学习规律，贴近学生实际。而且，在智慧课堂上特别强调学生自主建构知识意义，因此预习测试题要有探索性和层次性，让所有学生都能感受到收获感和成就感。

在学生完成预习测试题后，教师要利用信息技术设备和软件批阅，对于结果要输入专用系统进行分析，并得出数据结论，可以以表格、条形图或饼图形式来表示。这些数据，不仅仅是学生的分数成绩，也包括了学生问题的集中点、对教学内容的关注点等。对于有价值的数据所反映的情况，老师要及时通过网络通信技术，与学生进行沟通交流，进一步了解情况，以便对教学设计和安排进行修订完善；或者对个别学生存在的问题，进行个别指导。

（五）进行正确的教学方案设计

教学方案设计首先要严格遵循课程标准的要求。在此基础上，要结合之前建立的学生档案和学生预习情况，将教学内容、教学方法、教学步骤等要素合理安排，最终形成合适的教学方案。这个教学方案一定要基于信息化课堂环境来设计，重视信息技术设备的教学辅助作用。

（六）重视课堂的互动性

在课堂教学中，有效的师生交往，对话、交流的重要性关系着学生是否充分展示自己、发挥自己的积极性。课堂教学互动交流其实就是教师与学生之间进行授与受的过程，是教师与学生之间相互影响的平等的对话过程，这种过程强调的是优势互补、资源共享、相互讨论、共同提高的相辅相成关系。智慧课堂一个重要特征就是突出课堂的互动性，其核心标志是互动交流的立体化。所谓立体化的互动，就是指不同于传统课堂的互动是师生间、生生间的，主要通过语言对话方式的交流，而是通过智能化的移动学习工具和软件来搭建一个立体、高效的交流平台，实现师生、生生之间的全过程的持续互动交流，促进学生的智慧生成与发展。

（七）关注辅导个性化

在传统课堂教学中，课后老师统一布置作业，统一批改作业，统一讲评作业。这就存在了两个弊端：一个是老师通过作业获取学生学习情况信息，时间上是滞后的；二是老师讲评作业，更多是讲评作业中共性存在的问题，不能很好地因材施教。因此，在构建智慧课堂中，要充分发挥信息技术的优势，改变传统课堂教学的不足。首先，不再是布置全班统一内容的作业，而是根据提前掌握的每个学生预习和课堂学习情况布置有针对性的作业，通过网络推送个性化复习资料；其次，学生可以根据自己完成作业的进度，随时通过信息技术平台将作业提交给老师，客观题相关软件可以自动批阅对错，将有关数据反馈给老师，减轻老师的重复劳动，让老师有更多精力和时间，去结合获取的信息，对学生进行个性化辅导；最后，学生也可以及时得到自己作业的批改结果，了解到自已的欠缺，对于存在的困惑疑问，随时通过信息技术通信手段，与老师、同学讨论交流，进行总结反思。

智慧课堂的构建是一个崭新的课题，特别是基于信息化背景下的探索，尚在起步阶段，理论与应用策略方面还存在许多问题，需要我们重点关注，不断深化研究。

三、翻译教学智慧课堂设计

（一）翻译教学的理念：从知识走向智慧

知识与智慧有本质区别，美国教育家约翰·杜威认为，知识是已经获得并存储下来的学问，而智慧则是运用学问去指导生活、改善生活的各种应用能力。传统的知识观认为知识是确定不变的，学习就是教师采用教授的方式，将书本中的知识传递给学生。然而在"互联网+"的冲击下，知识的来源、数量、获取方式等发生了很大的变化。新的知识观强调了知识的发展性、主观性和开放性，通过记忆来获取知识的方法已经难以跟上知识发展、更新的节奏。与新的知识观相匹配的学习观应当是学生在体验性的环境下，利用已有知识查证现实、改造现实，以获得智慧的过程。那么，课堂教学也不再是"传递知识"的过程，更主要是帮助学生丰富知识、启迪智慧。

新建构主义认为知识并不是对现实世界的绝对正确的表征，学习也并不是简单地把知识从外到内的转移和传递，它强调知识是在不断发展的，在不同的环境中需要被重新构建；而学习知识就是在原有知识的基础上，主动构建新知识经验的过程。这与智慧教育的理念不谋而合。在新建构主义的指导下，翻译智慧课堂强调学生在建构过程中的主体性，把原先处于课堂主导地位的教师转变为课堂活动的组织者、协调者、帮助者，把原先处于被动学习的学生提升为了课堂活动的执行者、课堂活动的中心。在物联网、大数据、云计算等新一代信息技术手段的支持下，教师也可创设出富有智慧的体验式、探究式学习环境，全方位地训练学生的各项翻译技能，准确地把握各个学生的实际水平，逐步提高他们的翻译综合能力。此外，教师还可针对每个学生的不同特点和学习进度实行相应的个性化教学，从真正意义上提高翻译的教学质量，最终达到培养高素质的翻译人才的目的。综上，大学翻译"智慧教学"模式产生了深刻的变化：学生的学习环境不受时间和空间的限制；学习资源多种多样，实现个性化；自主、探究、合作的学习方式成为主流。翻译教学过程实现了以学生为中心、技术为依托，师生全程互动交流的新格局。

（二）大学翻译教学智慧课堂设计

智慧课堂实现了"教"与"学"的融合和互动。在信息技术的支持下，"教"与"学"相互渗透、相互作用、融为一体，大学翻译教学智慧课堂要立足于提升学生实际的翻译能力，实现"课前、课中、课后"三个阶段的统一，通过学情分析、预习测评、教学设计、情景创设、探究学习、实时检测、总结提升、课后作业、微课辅导、反思评价等十个教学步骤来实现教学目标。

1. 课前环节

在课前环节，传统课堂教学的任务就是教师、学生基于课本知识进行备课、预习。教师备课的核心任务是撰写教案，根据日常教学的经验筛选教学素材、设计教学活动，主观性、经验性较强。学生的预习活动也主要参照教辅资料或者教师布置的教材内容，缺乏主体性、个性化，往往使课前的预习陷入程序化，没有达到发现问题、解决问题的目的。智慧课堂的课前教学准备则截然不同，它基于客观的学情分析，实现以学定教。

2. 课上环节

在传统教学课上环节中，教师分析案例语料并就技能练习进行提问，学生按照教师的节奏听课并回答问题，记忆形式为主，思辨环节较少，容易使学生产生厌倦情绪。而智慧课堂教学中，教师可以基于学情分析，有针对性地邀请学生分享课前预习中的翻译经验或者译文，提出个人困惑或者问题，引发全班同学对如何解决翻译障碍的思考。通过翻译经验分享，教师能全面了解学生的翻译过程及其翻译障碍，同时还能鼓励学生进行译文比较，发现优缺点，增强每个学生的参与热度。课堂上，教师精辟的点评是保证师生良性互动的关键。

教师点评时，基于某个或者共性的问题进行深入的剖析，强化模块训练的重点和难点，并引导学生运用批判性思维进行扩展讨论，形成智慧，解决实际中的翻译障碍。此外，教师通过网络平台进行实时检测，向学生推送随堂测试，测试语料主要是翻译真实语料，为学生提供真实的学习情景，学生完成练习后可以马上提交，教师可以运用技术平台即时反馈，了解学生的学习效果与问题，再进行下一步的总结提升。综上，良好的学习情景创设，积极务实的学习探究加上即时的教师评价反馈，大大提升了智慧课堂地欢愉度和参与度，对学生总结提高，巩固弱点，培养创新思辨能力与全面的翻译能力大有裨益。

3. 课后环节

在传统课堂教学的课后环节，主要以评价学生课后作业为主。教师反馈作业多在下一次课上进行，作业的讲评多集中在共性问题上。智慧课堂则不同，教师对学生的作业与反馈都可以实现个性化。首先，学生的课后作业不再是统一形式，而是教师根据每个学生课前预习和课堂学习情况，针对性地传送翻译任务以及深入学习的资料，解决每个学生不同的学习弱点问题。然后，学生完成翻译任务后，通过平台及时提交给教师。教师以针对每个学生的翻译输出录制作业批改微课，及时推送给这名学生或更多有着相似问题的学生，进行个性化点评与讲解。最后，学生观看自己的作业反馈，也可在平台上发布自己学习

反思与收获，与自己的老师、同学进行分享。教师亦可根据学生的反馈信息，

融合到下次备课中，遴选语料，分类练习。

第二节 基于翻转课堂的高校英语翻译教学研究

一、翻转课堂概述

（一）翻转课堂的定义

翻转课堂是在信息技术支持的环境中，课前教师为学生提供针对性的教学视频和学习任务单等资料供学生开展自主学习，实现知识传递；课上通过自主探究、合作探究、师生共同答疑等形式，完成知识内化的一种新型教与学的形式。

（二）翻转课堂的特征

1. 教学视频短小精悍

教学视频共同的特点就是短小精悍。大多数的视频都只有几分钟的时间，比较长的视频也只有十几分钟。每一个视频都针对一个特定的问题，有较强的针对性，查找起来也比较方便；视频的长度控制在学生注意力能比较集中的时间范围内，符合学生身心发展特征；通过网络发布的视频，具有暂停、回放等多种功能，可以自我控制，有利于学生的自主学习。

2. 教学信息清晰明确

"翻转课堂"的教学视频与传统的教学录像的不同之处在于，视频中出现的教师的头像，以及教室里的各种物品摆设，都会分散学生的注意力，特别是在学生自主学习的情况下。因此，翻转课堂的教学视频强调录像环境不要有干扰因素，应采用一对一讲解方式，让学生感觉教师只是给他一个人在讲课。

3. 重新建构学习流程

教学流程的颠倒无疑是翻转课堂最明显也是最外化的标志。通常情况下，学生的学习过程由两个阶段组成：第一个阶段是"信息传递"，是通过教师和学生、学生和学生之间的互动来实现的；第二个阶段是"吸收内化"，是在课后由学生自己来完成的。由于缺少教师的支持和同伴的帮助，"吸收内化"阶段常常会让学生感到挫败，丧失学习的动机和成就感。"翻转课堂"对学生的学习过程进行了重构。"信息传递"是学生在课前进行的，老师不仅提供了视频，还可以提供在线的辅导；"吸收内化"是在课堂上通过互动来完成的，教师能够提前了解学生的学习困难，在课堂上给予有效的辅导，同学之间的相互交流更有助于促进学生知识的吸收内化过程。

4. 师生角色的重新定位

教学流程的翻转及信息技术与教育的深度融合都引发了师生角色的改变。教师变成了学习的设计者和推动者，学生成为学习过程的主体和中心。但这并不意味着教师作用的弱化，相反教师是决定翻转课堂的关键因素，其作用更加重要。

5. 对信息技术依赖程度的增强

学生在课外学习如果没有信息技术的支持，就难以得到教师的帮助，影响学习效果。无论是教学课件还是教学视频，都需要信息技术的支持才能方便有效地传递给学生。而对于学生课前学习效果的检测，更需要信息技术的支持。这就对教师提出了更高的要求：要不断学习信息知识，提高操作能力。

6. 复习检测方便快捷

学生观看了教学视频之后，是否理解了学习的内容，视频后面紧跟着的四个到五个小问题，可以帮助学生及时进行检测，并对自己的学习情况做出判断。如果发现几个问题回答得不好，学生可以回过头来再看一遍，仔细思考哪些方面出了问题。学生对问题的回答情况，能够及时地通过云平台进行汇总处理，帮助教师了解学生的学习状况。教学视频另外一个优点，就是便于学生一段时间学习之后的复习和巩固。评价技术的跟进，使得学生学习的相关环节能够得到实证性的资料，有利于教师真正了解学生。

正因为翻转课堂的这些特点，所以它才这么备受关注。它能够很好地帮助学生学习。

二、翻转课堂在英语翻译教学中应用的优势

翻转课堂无论是对于学生还是教师，甚至是教学方面都存在着传统教学方法所没有的一些特点和优势，那么本书就从以下几个方面对其的优势进行简单介绍。

（一）在学生方面的优势

1. 翻转课堂道出了学生的心声

现今的社会，网络时刻伴随着学生的成长。信息化时代，应顺应时代的潮流，接受数字文化，包容数字化学习，让它们为学生的学习服务。在翻转课堂里，学生被鼓励带自己的电子设备，一起合作学习，与老师进行互动。这样的课堂更焕发出无限的活力。

2. 教会学生自己承担学习责任

在翻转课堂教学模式下，学习的责任放在了学生的身上。为了成功，学生必须对自己的学习承担起责任。学习不再是自己的一种负担，而是不被束缚和不断探索的挑战。教师放弃对学生学习过程的控制权，学生掌控自己的学习。与此同时，应该让学生明确学习的价值不仅仅是拿到分数。翻转课堂促使学生去学习而不是去记忆，让学生成为真正的学习者。

3. 能够帮助学习困难和繁忙的学生

在翻转课堂教学模式下，繁忙的学生不用担心自己因为要去参加学校的竞赛等活动而落下自己的课程学习，因为主要的课程已经在线传到网络上。

现在学困生是让老师、学校很头疼的事情。在课堂上，能够引起老师极大关注的往往是那些学习成绩优异或者性格开朗的学生。对于那些在课堂上保持沉默的掌生，老师自然关注度比较低，而且这种学生接受起知识比较困难，导致他们不再想学习，学困生就是这样产生的，翻转课堂可以为学生提供"弥补的机会"。

4. 可让学生自己掌握学习，并且体现自己个性

在翻转课堂教学中，学生可以根据自己的理解程度适时按下"暂停键"。"翻转课堂"营造了学生主动学习的环境。在"翻转课堂"里，学习内容以教学视频的形式被永久保存，由于特殊原因而无法上课的学生不会落下功课；一些基础较差的学生可以根据自己的学习进度反复地、小步骤地学习，还可以得到老师的个别指导，真正做到了个性化的教育。而且，在课下，学生也可以对教学视频进行反复观看，以便更加牢固的掌握知识。

5. 让学生有多元化的学习方式，实现优质教学资源的共享

大部分学生偏爱自己老师录制的教学视频，但是一些学生会发现看其他老师的教学视频后，自己可以从另一个角度来理解相关的问题。

在"翻转课堂"里，知识的初步授受过程在课下完成。学生通过学习在线课程、视频资料等途径达到对知识的初步接受与建构过程。而在课堂上，学生通过老师的指导、通过同伴互助来达到对知识的深度理解和能力的提升。在知识传授阶段，学生在课外观看的视频可以选择优秀的教师来录制，实现所有学生共享优质教学资源。

6. 增加了与老师个性化的接触时间

在翻转课堂里的学生自由讨论环节，教师可在教室里巡视，针对学生的具体疑问进行解答。这样的课堂增加了学生与老师之间的互动时间和交流，老师对学生的学习情况将有进一步的了解。

7. 能够培养学生的积极乐观性

翻转课堂的理论基础——掌握学习理论，是有关教与学的"乐观主义"教学理论。个体之间存在的差异性是普遍的，因此在学习过程中对知识的接受能力也是不同的。

持这种教育观的教师会对每个学生的发展充满信心，不会仅关注班级那些成绩优秀的学习者，而是为每个学生提供理想的教学、均等的学习机会、充足的时间和帮助，让每个学生根据自己的个性学习，得到发展。教师这种积极、平等的教育观有利于学生形成积极的自我形象和自我概念。翻转课堂通过对学习时间的重新分配，给予学生更多自主支配的时间，便学生能够根据自己的步调控制各自的学习；若有困难，可以通过交流社区或课堂，与教师和同学进行讨论。这种自主掌控的学习，尊重了个体的差异性，给每位学生足够的时间和平等机会掌握新知识、参与学习，让每位学生有信心参加课堂讨论。

8. 可以培养学生自主学习的能力

"颠倒的课堂"使教育者赋予学生更多的自由，把知识传授的过程放在教室外，让大家选择最适合自己的方式接受新知识；而把知识内化的过程放在教室内，以便同学之间、同学和老师之间有更多的沟通和交流。可以试图让学生搞懂每一个未来还要用到的基础观念之后，再继续下一步教学。翻转课堂打破了常规的以"教师为中心"的传统教学模式。充分发挥了学生的主观能动性，比较有利于学习者自主探索并进行发现式学习，是典型的"以学生为中心"的教学模式。由于翻转课堂把初步学习阶段交给学习者自主学习，由学习者自行安排学习时间和进度、选择知识点，这对锻炼和提升学习者的自主学习能力具有良好的促进作用。

9. 有利于培养学生的协作学习能力

教学实践证实，由于翻转课堂鼓励学习着在课外时间开展自主学习，有利于学习者探究能力和创新能力的培养；与传统课堂教学模式相比，翻转课堂以交流和分享替代了传统的"讲授"教学模式，这无疑对学习者的交流和沟通能力以及协作能力都有较大帮助。翻转课堂教学在提升和培养学习者的协作能力、创新能力和班级凝聚力方面具有较高的实用价值。从学生的测试成绩还可以看出，翻转课堂在项目教学法，或者以技能任务型为主的课程中优势更加明显。

在翻转课堂教学中，鼓励学生发表自己的想法，学生之间、学生和教师之间展开多层次的对话、商讨或者辩论。同学、师生之间也可以相互协作，一起解决"信息接收"阶段遇到的问题，有效的互动，培养了学生的团队精神和合作精神。

10.激发学生的创造力

翻转课堂教学模式可以提高学生的学习兴趣，对于改善学生的学习习惯帮助比较大。而且这种教学模式可以让学生在家里选择最适合自己的学习方式，在对知识有了初步的了解后再在学校中对知识进行进一步的消化和巩固。因此学生可以对知识产生兴趣，从而对教材内容进行不断创新，并且在课堂上解除疑惑。

（二）在教师方面的优势

1.教师在课堂中角色的转变，有助于更好地解决学生的问题

在翻转课堂教学模式下，教师走下讲台，更多时间用在帮助学生、领导小

组解决问题、与理解有困难的学生一道解决问题。此时，教师是一个"教练"，引领学生行进在学习的路上。教师有更多的机会鼓励学生，告知他们所做的什么是正确的，澄清他们的迷惑。

2.能帮助教师实现角色转型，获得满足感、成就感和价值感

在翻转课堂中，课堂变成参与式，主要用于提问和互动讨论，教师需要设计教学活动，让学生通过完成真实的任务来建构识。教学模式的变化要求教师从单纯的知识传授者变为导学者；"学生自主学习—发现问题—教师引导解决问题"是翻转课堂独特的教学模式，它把课堂时间充分用来帮助学生内化知识，当学生遇到困难需要指导时，教师要适时成为帮助解决问题的助学者；教师角色的转变直接促使学生角色的变化，"学生由传统课堂的知识消费者转变成为知识生产者"，此时教师又成为学生学习的促学者；评估学生的知识掌握情况是教学中的重要环节，通过评估给予学生及时反馈，使学生清楚了解自己的学习情况；同时，及时评估还有助于教师及时调整课堂活动安排，更好地帮助学生学习，因此在翻转课堂中教师又是一名评学者。教师身份的转换将传统的指令性教学变成建设性的学习服务。

三、翻转课堂教学模式在英语翻译教学中的应用

（一）英语翻译翻转课堂教学模式设计

1. 课程开发

课程开发是整个课堂的基础，是翻转课堂成功与否的关键，主要由教师来完成。国内英语教学轻视翻译，大学生一、二年级学生普遍没有掌握好翻译技能，甚至还没有入门，教师在课程开发过程中就着重考虑学习者的现有认知结构，以及对新知识、新技能的同化能力，然后选择难度适中、略高于学习者现有认知结构的段落原文为学习者设计合理的学习方法。在有条件的情况下，教师还要精心制作学习视频供学习者观看学习，视频涵盖段落翻译解题的整个过程，包括每个细节。学习内容和学习方法都要结合视频、文档、演示文稿、电子书包、网络、计算机、手机等媒介来实现。

2. 学习先行

学习先行，即学生的自主学习，发生在课前和课的开始阶段。得到教师开发好的资源后，学习者应该主动积极自主学习。通过观看学习视频、学习文档、演示文稿等掌握初步的段落翻译技能；遇到难以理解的地方可以反复观看学习，也可以选择与同学或教师进行交流，最终达到理解掌握；确有不能解决的难点，可以留到课堂上，在教师的帮助下解决。在学习过程中有困难的学习者，可以

通过网络媒介与教师进行即时交流；同时，教师也可以对学习者的学习过程起

到一个督导的作用。

3. 课堂内化

传统的课堂教学模式将学习先行纳入课堂教学活动，师生共同面对崭新的

知识，通过师生、生生交流、协作的活动形式，重点解决学习者在自主学习中

遇到的疑难问题，并通过教师的引导强化翻译知识，使其条理化、系统化，帮

助学习者形成新的知识结构，然后引导学生将翻译知识转化为实践能力。

4. 评价反馈

评价反馈主要是对学习者已完成的学习效果进行科学有效的评测。教师通

过布置段落翻译来检测学生对应段落翻译的能力提升情况。评价反馈的主要目

的是监测学习效果，包括学习者对段落翻译概念和应对步骤的把握，以及翻译

实践操作的能力；同时，也可以检验教师的教学效果、课程开发质量和课堂内

的引导效果。

5. 研讨总结该课堂

研讨总结课堂主要是指总结成功经验，发现其中存在的不足，并找到应对

策略。研讨总结不能只有任课老师一个人完成，应在其他任课教师和学习者的

共同参与下完成。教师除了总结反省自己的整个教学过程，还吸收其他教师和

学习者的反馈信息，这样才能全方位地对整个段落翻译的翻转课堂进行把脉，形成全面、科学、有效的教学反思，有针对性地优化整个教学方案，提升下一节的教学开发。

在上面的五个步骤中，翻译课程开发需要教师在了解学生水平的基础上独立完成，课前自主学习需要学习者在教师提供的段落翻译资源基础上独立完成，剩余的三个步骤则都需要教师和学习者的密切配合才能完成。在整个教学过程中，学习者占主导地位，教师则起辅助引导作用，不仅有助于提高学习者的翻译实践能力，而且有助于发展教师的翻译教学能力。

（二）英语翻译翻转课堂案例

英语翻译翻转课堂有很多成功的案例，下面以某大学英语翻译课程翻转课堂案例为代表进行分析。

1.课前准备工作要充分

（1）教师制作视频

教师在课前要做好视频，提供相关素材。一般视频可以通过两个渠道收集，一个是网上现有的资源材料，这个一般不太适合。教师要根据自己学生的特点、本课程的性质以及教学目标要求来自制教学视频，视频时间不宜太长一般在10分钟左右，这样便于学生集中注意力，引发学生主动学习和思考。

（2）学生观看视频

学生看视频不受时间和地点的限制，学生可以在家看视频学习，可以白天看也可以晚上看，看累了可以休息一下再继续看。学生可以一边看一边做好笔记，把重难点或自己不懂的地方写下来，以便在课堂上与同学和老师一起进行讨论与交流。

（3）课前练习及师生交流

学生看完视频后，要完成教师提前布置的作业，如果在做作业的过程中遇到了疑难问题就可以通过社交媒体（聊天室或留言板）与同学或老师进行同伴交流或师生交流，和同学交流后还是无法解决的问题可以和老师交流。

2. 课堂设计

应充分调动学生的积极性。在进行课堂活动设计时，可以依据建构主义学习理论，充分发挥学生学习的积极性和主动性，从而实现知识的内化。

（1）确定问题

在翻转课堂教学活动中，教师可以将学生在课前观看的视频及所做的练习中遇到的疑难问题以及在课前通过远程与同学进行讨论后还没有解决的问题在课堂上提出来，共同进行研讨。另外，老师觉得是难点重点的问题也可以提出来进行讨论。

（2）解决问题

针对在翻转课堂上提出的翻译问题，学生可以自由选择自己感兴趣的或比较了解的问题、题目进行独立探索，不断培养学生的独立意识和自主学习能力。翻转课堂也就是反转课堂，是指从传统的学生被动接受知识和答案转到学生主动独立思考和解决问题，从而让学生在独立学习过程中达到知识内化和在该校的翻译课中，每位学生通过提问确定问题后，然后在课堂上进行师生和生生之间的讨论，最终解决疑难问题，对知识进行了重新构建，培养和提高了独立自主的学习能力。

3.探究活动

教师要组织学生对于在课堂上提出的有关翻译问题进行探究活动，把学生分成若干组，每组2~5人，并且每组确定一位组长，针对提出的问题进行探究式研讨，每组成员都必须积极参与其中。通过小组讨论与交流来完成学习任务，在翻转课堂的问题探究活动中，教师要随时注意学生的探究动态并及时进行指导。

（1）交流成果

针对共同提出的翻译问题，学生经过独立思考、集体探究后，把小组讨论的最终结果通过多种形式（成果演示、小型比赛、辩论会或报告会）来进行展示与交流，从而分享学习的收获。

（2）评价与反馈

翻转课堂上的反馈和评价与传统课堂有很大不同。传统课堂上一般是老师给予评价，而翻转课堂上除了教师外，专家、学者、学生都可以参与其中，这就体现了新课堂上反馈评价体系的多维度，并且评价方式也是多元化的评价：形成性评价与终结性评价、自我评价与他人评价。通过多维度、多方式的反馈评价结果，教师最终确定下一节翻译课的教学计划。

4.重视课后总结与反思

翻转课堂教学模式主要由课前和课上两部分构成，但是课后的总结与反思也是很重要的。教师和学生都需要对课堂上的问题进行总结与反思，然后传到网络平台，供师生之间互相讨论。这些经过整理的资料也可以长期保存下来，以备学生查阅，没有参加课堂讨论的学生也可以课后补救学习。因此，课前课上、课后三部分是互相补充、互为一体的。

这一轮的教学行动研究受到了学生的一致好评，学生很享受小组讨论这过程。教师在班级各组间巡视时，发现学生关注的知识点会超越教师的认识，这对教师来说也是一大收获。此轮教学行动研究虽解决了上一轮的问题，但同时又出现了两个新的问题。首先，在组织课堂讨论的过程中，教师对学生的讨论时长很难掌控。按计划，学生的讨论时间设定为20分钟，但最终学生用了35分钟去讨论，打乱了教学安排。在代表上台口头陈述时，在某些方面的讨论上停留过久，最终导致最后四组的代表没时间上台发言，只得匆匆地读了下他们的译文，教师直接做点评。

因此，在进行课堂讨论时，一大难点就在于时间的掌握。若时间管理不当，就很难完成教学任务。其次，由于课堂上学生积极参与讨论，教学内容会得到极大拓展，这就要求教师课前必须做足功课。结合学生的作业批改情况和在线答疑，教师要清楚学生在哪些方面存在疑惑，还要预测学生可能在哪些方面会提出问题。对需要重点讲解的地方，教师要做好标注，以便在课堂讨论时，能够有针对性地给予学生及时的反馈。新翻译教学模式无论对教师还是对学生都提出了更高的要求。带着这些问题，教师将进行下一轮的翻转课堂教学行动研究。

第三节　微课视角下高校英语翻译教学研究

一、微课概述

（一）微课的概念界定

微课是伴随教育信息化发展到 Web2.0 时代而出现的一种全新的资源类型与课程表现形式。微课的出现给传统教学模式带来了一种新的体验和尝试，也是基础教育数字化教学改革的一大试验。它不只是多元化教学资源的组合再生，也是辅助性教学工具，能够辅助课前学习和课后巩固、延伸。从其运用前景上来说，微课是对传统课堂的"精微性"创新，不仅可以促进课堂的有效开展，更能开发教师与学生的潜能，促进课后的自我探索与进步，实现全面素质教育的目标。从微课所传递的教学理念来看，它是一场学习方式的变革。教师不再是主导者和指挥者，学生在自发、自觉学习微课的过程中发现问题、掌握知识，并在与同伴、老师的探讨和合作学习之中提升自我解决问题的能力。课堂的中心地位或由课前微视频的预习和课后微视频的巩固得以完善。学习不再拘泥于教室、书本，多样的移动终端设备（如手机、电脑等）使得学习随时随地都能发生。不同学者对微课的概念有着不同的界定，下面具体分析。

胡铁生对微课的定义如下：开始，微课概念（1.0 版本）定义为以视频为主要载体，记录教师在课堂教育教学过程中围绕某个知识点或者教学环节而开展的精彩教与学活动的全过程。后来，微课概念（2.0 版本）定义为，根据新课程标准和课堂教学实际，以教学视频为主要载体，记录教师在课堂教学中针对某个知识点或教学环节而开展的精彩教与学活动中所需各种教学资源的有机结合体。再后来，微课概念（3.0 版本）定义为，微课又名"微课程"，是"微型视频网络课程"的简称，它是以微型教学视频为主要载体，针对某个学科知识点（如重点、难点、疑点、考点等）或教学环节（如学习活动、主题、实验、任务等）而设计开发的一种情境化、支持多种学习方式的新型网络课程资源。这里强调微课程是视频型的在线网络课程，并支持多种学习方式（如移动学习、自主学习、合作学习等）。

焦建利教授认为，微课是以阐释某一知识点为目标，以短小精悍的在线视频为表现形式，以学习或教学应用为目的的在线教学视频。这里说明了微课的表现形式和应用目的。

黎加厚教授给出了微课的定义：微课（或者称为微课程）是指时间在 10 分钟以内，有明确的教学目标，内容短小，集中说明一个问题的小课程。微课程除了包括教师讲授教学内容的微视频，还包括学习单和学生学习活动的安排。微课程主要使用微视频作为记录教师教授知识与技能的媒体，教师还可以根据不同学科和不同教学情境的需求，采用其他格式（如音频、PPT、文本等格式）的媒体，不一定局限在微视频格式。

本书基于上述内容，对微课进行了详细的界定：微课是指在自主学习理论的指导下，依托 PPT 制作软件（包括文字、音乐、图片），围绕某一个具体的知识点、主题、概念为中心讲解对象，以故事与知识的穿插为教学形式，以教学目标、教学环节、教学活动为基本教学任务，在 5~10 分钟的基础上精彩呈现丰富知识内容的全过程。因此，微课不仅有利于教师教学任务的完成，而且有利于增强学生的自主化学习和个性化发展，从而有效地提高学生的学习成绩。

（二）微课的基本特点

1. 微而精

微课最经典的特点"短小精悍"即"微而精"。"微"即"小"，主要指以下方面：时间"微"，微课一般不超过 10 分钟，学习者可以利用零碎的时间学习；内容"微"，微课内容少，只对某个具体的知识点进行讲解，但讲解深刻，便于学生熟记；储存"微"，微课视频格式一般为 flv、mp4、WMV、rmvb 等格式，内存小，便于储存。微课"精"主要体现在三个方面。第一，教学内容精准，微课的教学内容虽小，但视角独特，内容精练，准确，主题突出。第二，教学设计精密，微课要求教师对每一个教学设计都进行精细的策划，从而有效地实现教学任务。第三，教学活动精彩，在微课模式下的教学活动，丰富多彩，学生互动性高，活动的趣味性吸引学生的注意力，有利于提高学生课堂兴趣。

2. 多而实

微课资源丰富，资源开发与制作方式多样化。微课资源来源比较广，微课包括微教学、微教案、微课件、微练习、微评价及微反馈等资源，这些资源共同构成了微课资源包，有利于微课的开发与建设。同时微课具有情景化特点，贴近现实生活，贴近学生生活，将学习与生活相结合，能有效促进学生的学习与发展。

3. 广而便

广即传播范围广、应用领域广以及知识面广，即"三广"。首先传播范围广，微课以视频为传播媒介，线上线下便于学习。其次利用领域广，微课既适合教师职业发展培训，又适合学习者的学习，同时也适用于成年人在家自学知识。微课设计各个领域，任何方面的内容都可以设计成微课的形式进行学习。最后知识面广，微课既涉及中小学学科教学，也涉及较高水平的学习，如大学及中专等。便指微课具有便捷性，微课使得学生在任何时间、任何地点都可以学习，增强了学生对知识碎片化的处理。

总之，微课以其独特新颖的特点活跃于课上课下，创造了人人皆学、处处可学、时时能学的学习条件，有效促进了学生自主学习能力，培养了学生综合素质的发展。

（三）微课教学的必备条件

1.先进的教育教学理念

科技改变生活，各个领域都受到网络信息技术飞速发展的冲击，教育领域也不例外。教育信息化即国内教育界为适应信息社会的需要而倡导的一种全新教育形态，是 21 世纪现代教育技术发展的最新趋势。它在全面深入地利用现代信息技术推动教育改革和教育发展，改变着传统的教育教学模式。

随着国内教育信息化观念的兴起，教育部为推进落实《国家中长期教育改革和发展规划纲要（2010—2020 年）》中关于教育信息化的总体部署，组织编制了《教育信息化十年发展规划（2011—2020 年）》。该规划提出了一系列要求：推进优质数字教育资源共建共享；推进信息技术与教育全面深度融合；促进教育教学和管理创新；助力破解教育改革和发展的难点问题，并主张利用科学和信息技术扩大教学资源、转变教学方法、变革教学模式，推行开放、共享为理念的开放教育资源运动。教育信息化改革已成时代发展的必然趋势。

微课教学这一新型教育教学理念应运而生。随着网络信息技术的迅猛发展，计算机网络让我们的联络突破了地域的界限，不分时间不分地点的交流成为可能，教师授课不必局限于一尺讲台和一间教室，学生也可以不和老师面对面进行学习。在网络的协助下，远程教学、虚拟教学、网络协助学习等多样化的教学模式成为可能，使教育教学与学生学习进入了一个新的发展阶段。

教育信息化条件下，教师的使命不再只是向学生讲授知识，而是应该发挥组织、协调作用、评价作用，计划和指导学生的多种学习活动。以往课堂的授课方式和风格已经不能满足学习者的需要，能够随时随地学习的移动化学习、碎片化学习模式越来越受到学习者的青睐。

"移动"强调随时随地，不受空间时间的约束；"碎片"则意味着小容量的，易完成的。这种教育教学与学习方式更加注重考虑学习者的学习需求和学习接受能力，使教师和学生的角色发生了转变，有助于提升学生的主观能动性和创新能力，提高学习者的理解认知能力和自学能力，同时还有助于个人知识的建构。

"微课"短小精悍、主题突出的特点符合移动化、碎片化学习的要求。它只有几十兆的容量，使它在下载时只需耗费极少的流量，并且不会占用移动通信设备过大的内存，另外，其载体设备多样化的特点也能够满足学习者随时下载、随意存储的要求。

同时，视频暂停回放、快进快退等一系列属性也极大地方便了学习者的学习，学习者可以反复无限次地观看自己感兴趣或者有疑问的地方，也可以在任何时间、任何地点进行学习，微课通过移动设备帮助学习者实现移动化、碎片化的学习。

总之，现代信息技术的发展不断促进教育教学理念的更新和教育教学方式的变革，微课是信息时代应运而生的产物，它顺应时代发展的潮流，是教育教学改革的必然趋势。

2. 现代信息技术的发展

随着网络信息技术的不断发展以及互联网覆盖率的不断提升，我们已经进入了一个信息时代，无线网络、移动网络无处不在。购物中心、商店、小区、学校，甚至地铁、飞机上均在不断地覆盖无线移动网络，无线移动网络的广泛覆盖使借助移动智能平台进行娱乐、学习成为一种方便快捷的方式。手机等移动设备的广泛使用以及功能的不断升级，利用便捷式移动通信设备进行学习已经成为可能。

总之，从应用技术上讲，网络技术、智能平台和应用软件的快速发展使移动终端之间的联网越来越快速、便捷，学习应用软件也不断得到开发，这些都为微课的发展提供了有利条件。

现代信息技术在改变人们生活、方便人们生活的同时，也在不断改变教育教学方式，国内各大高校越来越注重利用现代信息技术辅助教学。信息技术与学科教学的整合，正在成为当前我国信息技术教育乃至整个教育信息化进程中的一个热点问题，开展信息技术与学科教学的整合是我国面向 21 世纪基础教育改革的新视点。

现代教育越来越重视信息化教学方式和人才培养模式的创新，以及提高人才培养质量的问题。在现代各类教育教学中，运用信息技术与学科教学的整合，已经是任何教师不能回避的问题。

计算机基础课基本上是各大高校大一新生的必修课，除了学习基本的计算机操作理论外，还需要通过上机实际进行操作，最后通过考试修到相应的学分，并把此项学分作为毕业的基本条件之一。可见国家高等教学大纲对当代大学生掌握基本的现代信息技术的重视。

同时，几乎所有高校所有的专业，尤其是外语类专业，更加注重运用现代信息技术辅助教学。语言的学习离不开听、说、读、写、练，而传统的课堂授课，在有限的课堂时间内，老师在讲解教学知识点之后，往往留给学生的练习消化时间极其有限，即使是小班授课也无法完全兼顾每一个学生的感受，无法让每个学生都得到充分的练习，也就很难及时发现每个学生的薄弱环节进而进行相应的辅导。

而课下自学对学生的自身素质要求很高，所以想要学生有较强的自我约束意识和时间规划能力，实现每个学生都充分利用课下业余时间进行语言的听、说、读、写、练基本上是很困难的。所以，全国各大高校各个专业，尤其是外语专业，基本都会开设视听说课程，老师学生每人一台电脑，由老师集中控制学生电脑的操作，通过播放视频片段、语音片段等，让每一个学生同步跟随老师进行听说的练习，同时适当地配以读写等辅助性练习，以达到每个学生都有切实接受语言刺激，并进行相应的语言操练练习的目的。

微课教学以微视频为教学载体，这一教学形式因现代信息技术的迅速发展得到了保障。国内几乎所有的高校都配备了多媒体教室，网络硬件环境与设施相对健全，这为在课堂中使用微课教学提供了设备保障。

3. 学生优秀的自学能力

我国高校大学生的自主学习能力良好，可以支持微课的学习。卜彩丽、马颖莹曾针对大学生的学习特点进行了一次问卷调查，调查结果显示，在排除环境干扰因素的前提下，相当一部分学生都表示能够完成独立自主的学习，我国高校大学生的自主学习能力良好。

所以，微课充分考虑了发挥学生的主观能动性和创造力，是引导学生自主学习的新型方式。我国高校学生良好的自主学习能力，使他们能够自主地利用微课进行自学，为微课这一新型教学模式的推广奠定了良好的基础。

二、英语口译微课教学研究

（一）英语口译微课教学的意义

目前的口译课堂存在着若干问题，如口译课课时有限，而每次口译课的强度又过大，学生无法有效吸收和消化教师所讲的知识点和技巧，课后想再了解，但类似记忆力训练、笔记技巧等方法在课堂现场教师可以示范，过后就无法再现，学生只能通过书本去自己揣摩。而微课则很好地解决了这些问题，可以同时让学生课前就通过微课学习要掌握的背景知识和口译技巧，课堂上教师着重指导学生进行实践，并检验实践效果，提升课堂教学效率，实现"翻转课堂"的模式。

1. 微课时间短，有助于学生吸收小知识点和小技巧

微课一般时间长度为5~10分钟，再长不过十几分钟，通常一节微课只讲授一个知识点，老师可以把一个课程的重点难点抽取出来，录制成微课视频，让学生课前课后进行预习、复习。学生则可以随时随地学习，反复观看，按照自己进度快速选择需要学习的知识点，提升自学效率。口译课程有较多的口译技巧和独特的方法，都很适合利用微课来帮助学生掌握技能，反复训练。

2.增强趣味性，让学生主动学习

微课视频比一般书本更直观，微课的制作方式又灵活多样，大大增强了教学的趣味性。教师可以把口译课程很多知识要点都情景化，用各种形式在微课中呈现出来。例如，传统的课堂上老师只能一个人上课，但是在微课中，可以把一人分演多角、多人一起角色扮演、对答互动等情节融入其中，让微课更生动和具有亲切感，使学生愿意通过微课去主动学习。

3.角度更多维，教师的视野更广阔

微课的制作角度更多维化，不一定是从教师的角度去讲学，也可以让教师扮演成学生，和学生一起进行学习，从而使教师更了解学生的学习经过，并从学生角度去理解其中的重点难点。尤其是口译课，学生要掌握口译技巧和自如运用是有相当的难度的，所以口译微课更需要突出学习的过程，让教师也体验学生的角色，而不是简单地录制传统课堂情景的视频。

总之，对教师来说，通过微课的制作，有助于其换位思考，使其教学方式更多维度，对教学的思考更全面。

英语口译课是师生都认为难度比较高的一门课，如何利用微课把其化繁为简、寓教于乐、提升课堂效率，是非常值得重视的一个课题。实际上，教师在微课中扮演了多种角色，包括幕后的"编导"和幕前的"演员"，在编导微课内容时，会充分考虑此知识点的最佳呈现方式；在镜头前表达时，又会思考如何表述清晰，帮助学生理解。针对口译教学的特点，教师在微课中把各个技巧和知识要点有机串联起来，宏观上，让学生通过微课的学习，就能描绘出一个口译技巧和知识的"地图"；微观上，让学生每次上课前都能预先掌握技巧，上课时能真正实现"翻转课堂"，尽快进入实践环节，检验学习效果。同时，在微课之后有配套的互动工具，让学生可以及时在网上反馈学习情况和问题。

目前的口译课程微课制作还处于摸索阶段，网上较少有口译微课的视频，作为一门实操性很强、难度又很高的课程，应尽快研究制作实用又新颖的微课视频，帮助学生提升学习兴趣和自学效果。相信微课这个新生载体，将使口译教学有新的突破，同时亦具有十分广阔的教育应用前景。

（二）英语口译微课教学设计

每个学科都有不同的特点和要求，口译更是一门要求较高的课程，需要学生进行较多的实践训练，同时也需要教师进行技巧指点。因此，必须针对这些特点进行微课设计。

1.选择适合的内容制作成微课

并不是口译课程中所有内容都适合利用微课讲解的，有些比较宏大、复杂的内容就适合利用较长的课时去教学，如经济发展口译专题、文化教育口译专题等。但是有些小训练和小技巧，就适合利用微课去做成小视频，让学生课前观看，实现口译课程的"翻转课堂"，让学生在上课前就学习要掌握的技巧，这样在课堂上就可以快速进入实践环节。而学生在课堂上有些技巧的操作未必能马上掌握，也可以通过课后的微课视频去反复观察和学习，直到学会为止。微课必须有别与纸质书本及常规的课堂教学形式，选择有故事情节的、有趣味性的或易记易错的内容，系统地进行有机组合，让学生较易记住。

2. 教师与学生进行互动

通过微课，可以让学生多一个新的渠道去与教师互动。学生很少到网上去主动和老师沟通或问问题，但是让学生去观看微课，特别在微课中增设一些学生感兴趣的内容，会增加学生利用网上资源的意愿。同时，在微课视频之后增加讨论区、留言区等互动板块，让学生讨论微课的内容或提问，或者出一些练习让学生去完成，可以提高学生学习的效率和主动性。口译是实操性很强的课程，微课中应该有技巧的说明和示范。例如，如何做记忆力练习，教师可以在微课视频中找一位学生来一起示范，然后在微课最后让出几个小练习，让学生跟着视频完成训练，然后在课堂上或者课后把练习的答案给学生。同时，视觉上可设置多个仿真场景，开展互动交流，制作者有选择性与针对性地去设计内容和画面，从而使学生在课余间有动力、有兴趣去通过网络分享和交流，积极参与评论反馈，进而拓展思维、继续学习。

3. 运用适合的工具和场景

口译课要求有比较多的特定场景，如谈判场景、开会场景、在同传室的场景等，而传译时也有些专业工具、软件或设备，如同声传译设备和口译训练软件等。这些都可以通过微课展示出来，并由教师在微课视频中示范使用，让学生了解口译的工作环境，减轻以后实践时的陌生感。口译微课的场景可以分为两种，一种是真实的场景，如到广交会去拍摄跟随企业雇主与外籍客户的随身翻译，或到会议场合拍摄同传室中的同声传译员，把他们的真实工作情景记录下来作为微课的材料。另一种是模拟出来的仿真场景，如教师和学生分别在微课视频中扮演演讲者与译员，把口译的情景演绎出来，并结合正确、错误的例子进行讲解。这些都是有助于学生了解口译场景的微课制作方式。

第六章　信息时代的英语翻译教学模式创新

本章以信息时代为背景，首先分析了信息时代英语翻译教学的发展需求，然后阐述了英语翻译教学的信息化发展模式，最后讨论了互联网环境下英语翻译教学方式与模式的创新。

第一节　信息时代英语教学发展需求

科学技术的迅猛发展推动人类社会全面进入了信息化时代，而以计算机网络为核心的现代信息技术也已成为 21 世纪人类基本生活环境的一部分。随着信息技术的不断成熟，其在一定程度上改变着人们的生活方式。计算机网络也正以前所未有的速度融入现代生活，人们应该抓住机遇，站在信息化社会的高度，用全新的观点和视野来重新审视英语教学问题，并利用以计算机网络为核心的现代信息技术实行教育体制和教学模式的改革。

一、信息时代英语教学存在的不足

（一）教师的信息技术应用能力差

信息技术的迅速发展为英语教学形式、教学手段、教学方法及教学思想的改变提供了更多的可能性。但是，长期以来，文科出身的英语教师由于缺乏必要的现代教育技术理论，对技术认识不足，利用信息技术教学的观念不强，习惯采用传统的教学手段，即使眼前摆着现代化的教学设备，不少教师也很少使用；有的教师虽然尝试运用多媒体教学，但因缺乏相应的现代教育理论指导和合适的多媒体素材，缺乏在教学中应用教育技术的能力，教学中不能恰当地利用这些设备为教学服务。大部分多媒体设备并未有效地发挥其应有的作用，达不到优化教学的目的。

（二）教师接受新的教育技术缓慢

传统的教学法如语法翻译法、结构法等在如今的英语教学中还存在着一定的影响，再加上传统的电化教学设备的系统控制集成度并不高，一些外围设备如录音机、录像机、影碟机的操作相对比较简单，一些教师由于对新的教育技术接受较慢，不太愿意使用先进的计算机辅助教学手段和方法。这些教师在使用传统的设备时只需按几个固定的键就可以了，但在信息技术环境中进行英语教学，教师既要精通教学内容，又要学会使用新的教学软件和教学设备，要实现某种教学功能，往往需要一系列较为复杂的操作。而在这一系列复杂的操作中，还可能出现问题或故障，从而影响教学进度和教学效果。这些都在一定程度上影响了教师主动使用现代教育技术的积极性。因此，在信息技术环境中，教育技术的发展对习惯于传统教学模式的教师来说确实是一个巨大的挑战。

（三）教师忽视了课堂"气氛"的作用

在信息技术环境下，不少教师开始利用计算机辅助英语教学，但他们对课件的制作和媒体设备的使用还停留在一个比较低的层次上，甚至被新的教学手段束缚，限制了个性化教学的发挥。如一些教师在教学过程中总是坐在控制台前，忙于点击鼠标，很少走到学生中间，多媒体设备使得教师与学生拉开了距离。在教学中，教师如不能与学生进行很好的面对面的情感交流，一堂课就不能达到预期的教学效果，甚至会使那些不够自觉的学生失去学习兴趣。还有一些教师本可以依靠自己的思维和语言，把课讲得很精彩，但由于不能很好地把媒体技术与教学融为一体，往往忙于操控课件，结果造成不是在讲课而是在"读课件"的局面，教师变成了一个"教学机器"的操作员，失去了情感色彩。也有一些教师备课时不努力记忆所要教的知识，只是记忆多媒体的纲目和链接，上课时找到链接页面，读给学生听。学生于是被动地接受连篇累牍的"死"知识。另外，在多媒体教学中，教师的板书减少了许多，甚至没有板书，这也不利于教学中的随机应变，容易导致学生视觉疲劳。不恰当地使用多媒体设备会阻碍教师和学生各自能动性的正常发挥。

（四）学生容易在大量的信息中迷向

在计算机和互联网提供的大量资源中，学生具有很大的自主性，可提高自主学习能力及学习兴趣，但容易出现以下问题：①迷向，即在大量信息中迷失方向，不知道自己该学什么、不该学什么。②漫游，即在浩瀚的信息海洋中漫无目的地转来转去，所获甚微。③认知超载，认知负荷过重导致学生对处理繁杂信息失去信心，降低学习责任感，从而没能达到学习目标。

此外，计算机和互联网的应用对青少年在道德观念、心理、性格上可能产生的负面影响也是不容忽视的。计算机网络环境在使人际交流、人机对话得到扩展延伸的同时，也增加了一些学生自我封闭和离群索居的倾向，对他们未来融入社会生活可能带来一定的负面影响。

事实上，以上问题正说明信息环境对英语教师和学生提出了更高的要求和挑战，教师应把培养学生在多媒体非线性信息环境中判断和筛选信息的能力、探索和发现能力、自我监控能力等纳入教学目标，并设计有效的实践活动，帮助学生发展这些能力。

二、英语教学的信息化发展诉求

英语学科教育信息化在很大程度上需要依赖高校校园信息化的发展，因此，在探讨英语学科教育信息化诉求的同时，首先需要对高校校园信息化的整体发展趋势有一个清晰的了解与把握。

（一）关注信息集成服务应用

高等教育信息化历经多年发展已取得初步成效，尤其在当前数字技术高速发展的时代背景下，各类院校对其重要性已具有较为深刻的认识，并进一步加大投入。高校信息技术硬件和操作软件等基础设施建设已基本完成，高等教育信息化专业人员业务水平也在数字技术的大潮中不断提高，这些情况都使高等教育信息化发展趋于稳定。

于是，高等教育信息化开始向纵深方向发展，进入硬件、软件、数据、管理与服务等高度集成阶段，其应用门槛日益降低，如同水、电一样方便使用，人们将更多地顾及信息集成智能化的教学应用。

（二）亟须跨学科信息化专家

世界上第一台电子计算机的发明是为了满足当时科学计算的需要，也就是说，高等教育信息化最早发端于信息技术在科学研究领域内的应用。然后，高等教育信息化浪潮首先影响的也并不是高校教学环节，而是高校的行政管理系统。因为高校行政管理与商业信息化模式具有高度的相似性，信息技术企业只需将商业模式直接复制到高校行政管理系统即可，高校行政管理信息化充其量只是商业信息化的业务延伸。而课程教学系统与行政管理系统不同，信息技术企业不能再将行政管理系统数字化改造中的成功模式原封不动地拷贝给高校的课程教学系统。高校课程教学必须根据高校教学体系的独特性，有针对性地开发新的信息技术产品与服务。信息技术部门的核心使命是向高等教育学科教学提供教育技术支持，但高等教育数字化变革不以数字技术专家单方面为转移，需要产生更多懂技术、懂学科教学、懂得将教育技术如何应用到教学的跨学科专家，尤其需要更多懂得如何将技术应用到教学中的英语学科专家，为高校校园信息化建设和广大教师应用信息技术提供指导和帮助，只有这样才能把高等教育信息化落到实处。

（三）教学模式需要改变

在信息化初级阶段，高校教育信息化工作重心是信息技术设备的购置、维护及网络建设等，信息技术对高等教育的作用并未得到全面的展现与释放，其影响非常有限。这时通过战略规划来确定和引导高校信息化发展作用甚微，很难通过战略规划来确定教育信息化的实际进程。而随着信息技术加速度发展，高等教育信息化进程不断深入，信息技术服务渗透高校的每一项业务中并与之紧密融合，信息技术服务方式的创新以及对高度复杂的多学科教学信息化事务的管理成为必需。今后一系列重大转向成功与否均有赖于教学发展模式的改变，需要奉行"颠覆性"的策略而不是"改革性"策略来影响现行教学运作模式，需要对英语教育教学的模式和师资结构等组织架构和存在形态进行科学而持续的颠覆性变革，以保证中国高等英语教育信息化持续健康发展。信息技术在英语课程生态系统中的辅助作用可归纳为以下几个方面：

1. 更新教学观念

在计算机辅助英语学习中，首先，学生要成为学习活动的主动参与者、知识探究者和意义构建者。英语教学不仅向学生传授语言与文化知识，而且彰显学生主体性、个性和创造性，培养他们的学习能力和实践能力。其次，教师成为学习活动的组织者、指导者、帮助者和促进者。最后，随着信息技术的发展，教学媒体不仅作为教师讲解的辅助工具，也成为学生学习的感知对象和认知工具。

2. 变革教学方法和手段

随着信息技术的发展，多媒体和网络技术为英语教学提供了先进教学手段，具有传统教学手段无法比拟的优越性，使教学方法个性化、教学手段多元化。英语教师综合运用情景创设、会话商讨、主动探索、意义构建和协作学习等多样化教学方法开展教育活动。多媒体技术具有集成性、交互性和多样性的特点，集文、图、音、像于一体，通过多种途径刺激调动学生各种感官，多角度地提供大量形象生动的语言素材，全方位展现真实的语言和文化环境，使情境式学习成为可能。教学资源呈多元化、多层次状分布，便于学生根据实际情况选择使用，实现自主式学习。与此同时，学生在与计算机交互过程中通过搜索、研究、建构语言意义开展探索式学习，在仿真英语环境中培养学生语言技能。

3. 丰富教学内容

基于计算机多媒体网络技术的一种全新立体式教材应运而生。立体式教材是一种基于现代教育技术理论和信息技术实践的新型、动态教材系统，集书本、磁带、录像、光盘、多媒体课件、网络学习平台等于一体，将图像、音频、视频等信息输入方式有效结合，多角度、多方位、多层次优化教学资源和教学过程的媒介。其主要特点在于：以多媒体、多模态、多介质方式来存储和呈现教学资源；以一体化、系统化策略来设计教学内容；以多元化、互动化方法来实现教学过程，最终形成教学能力，完成教学任务。网络教学打破教材内外的界限，实现资源共享，为学生提供了更加丰富、生动、直观的学习资源。

4. 创设新型教学模式

信息技术为英语教学新模式开辟了广阔前景，已向多媒体网络课堂和学生自主学习转变。多媒体网络环境下的教学模式使学生自主学习变成可能。学生自主学习包括基于问题的学习模式、网络探究学习模式和协作学习模式。基于解决问题的学习模式通过小组合作让学生解决复杂实际问题来挖掘隐含于问题中的语言要点、文化背景和语言技巧，培养学生主动建构知识和解决问题的能力。网络探究学习模式依托互联网强大的信息资源培养学生探究能力，最大限度地利用网络资源，探究解决问题方案，建构知识框架，最终学会英语。协作学习模式借助计算机网络超越时空限制，开展小组讨论、同伴互教、小组练习等协作性学习活动，以团队形式完成既定学习任务。

5. 转变教学管理和评价方式

计算机网络环境下英语教学管理与评估为过程性动态形成性评价，借助 Blackboard 或 Moodle 等在线教学管理平台对学生英语学习活动进行全程跟踪管理和评价。借助此平台英语教师可轻松进行教学资源整合和教学活动设计，在网上创建自己的课程；学生可根据个性需求，选择相关项目参与课程学习。Moodle 能超越时空限制，整合优化听、说、读、写、译等各种技能训练中所需大量资源，构建仿真英语学习情境，最大限度地为学生提供体验、参与、合作与交流的语言学习机会和实践场所，满足个性化自主式学习需要。学生可通过本课题组的综合英语精品课程中的在线单元测试了解学习进程中存在的问题，也可通过在线分级测试了解自己的英语水平。写作评估软件是一种网上实时测评软件，学生提交文章后会接收到系统实时的整体评分结果，依据系统反馈和样章修改润色习作，促进写作训练。随着计算机和网络技术的发展，语言测试的介质也发生了变化，基于计算机的语言测试将逐渐成为语言测试的主流。未来高校英语四、六级考试将借鉴托福、雅思的考试方式向机考或网考的方向发展。

6. 优化教学环境

网络技术突破了时空限制，创造了现代教学环境，局域网、校园网、互联网为学生提供了个性化的教学环境。英语学习网站包括资源型学习网站和工具型学习网站。前者指对听、说、读、写、译、语法等英语学习提供在线学习资源和练习平台的网站。后者指为英语学习提供查询工具。当传统方法（如词典）无法提供足够的典型例句时就可检索网上语料库。语料库能快速、准确地提供大量真实语言材料，显示语言搭配规律，逐渐成为英语教学与研究的有效工具。

随着信息技术日新月异的发展，英语教师虽已不再是知识的唯一传授者和权威，但其主导地位不容置疑也不可替代。信息技术在英语课程中的辅助属性不会变，只是辅助作用的范围由过去的有限范式发展到融合范式，即辅助作用由过去的教学工具和教学方式的叠加转变为教学内容、教学模式、教学环境、教学评价等系统的融合。

第二节 英语翻译教学的信息化模式

一、信息技术应用于英语翻译教学的优势

（一）丰富教学方式，激发学生兴趣

随着信息技术的发展，多媒体工具普遍应用于各学科教学中。多媒体教学工具的使用，将课程内容以视频、音频、图片等方式进行展现，使课程教学更加生动、活泼，增加了教学的信息量。多媒体教学最为重要的一点是改革了传统的教学模式，丰富了教学方法，通过多媒体可创设翻译教学情境，让学生融入语境中，接受英语的熏陶。

（二）提升翻译教学效率，促进学生自主学习

翻译教学不仅限于课堂教学，课外学习也尤为重要。伴随信息技术发展、各种翻译工具的出现以及辅助教学的实施，翻译教学效率得到了大大的提高，例如，语料库的使用。语料库是存储语言素材的数据库，通过存储原始语料文本，或者带有标注的文本，研究目标语的特点。通过多媒体教学工具，将语料库中的文本图文并茂地展示，可以进一步提升教学效率。

信息技术不仅可用作辅助教学手段，还可扮演学习工具的角色。在信息技

术应用基础上创建新的教学环境可促进学生获取信息、知识应用以及解决问题的能力提升，并引导学生自主学习。

二、信息化背景下英语翻译教学的基本理念

（一）数据驱动学习

"数据驱动学习"充分利用了多媒体技术下的语料库语言学方法，为传统的英语教学模式提供了一个全新的视角。数据驱动学习理念以建构主义理论为依据，其宗旨是指引语言学习者充分利用网络和语料库资源，通过观察和分析大量客观真实的语料，发现语言语法规则、意义表达及语用特征，积极主动地解决问题。基于数据驱动学习的教学模式倡导以学生为中心，注重培养学生的学习兴趣和自主学习能力。同时，基于数据驱动学习的教学主要以语料库和搜索引擎为平台，能够提供翔实、丰富、地道的真实语料，为语言学习者建构真实有效的学习环境，提高学习者的学习效率。

（二）移动学习

移动学习，广义而言是指可以在任何时间、任何地点、应用任何装置的学习。移动学习是远程教育学习和电子学习交互发展的结果，它借助于移动设备（电脑和智能手机），实现学习者在任何时间、任何地点进行有效的双向式交流学习。移动学习具有灵活性的特点，学习者可以不受场地和时间的限制随时随地的学

习。同时，它强调了主体性，学习者可以根据自己的实际需求选择学习内容，制订学习计划；同时，它还强调了互动性，学习者在学习过程中通过便捷的通信手段可以进行更多的互动交流。

三、信息技术环境下的英语翻译教学模式

英语教师在计算机技术方面较为薄弱，同时对于如何将英语教学课件和英语实际教学相结合提高英语教学效率等方面也存在一些问题。下面就多媒体与公共英语教学的个体化问题进行讨论。

一、实施"工作坊"翻译教学模式

1. 构建基于网络支持的翻译工作坊

翻译工作坊与其他普通的工作坊一样，也需要一个固定的场所，能满足各种日常教学、实践与交流的需要。但是这个场所又有别于传统的翻译教学课堂。翻译教学中的翻译工作坊应该是类似于理工科实验室的一个固定场所，配备有电脑（最好是安装了辅助翻译软件）、多媒体设备（如投影仪等），并且提供互联网连接（包括室内局域网），它可以是容纳3~5人的小型场所，也可以是能同时容纳10多人的较大场所。总之,场地要有足够的空间,可以满足小型讨论、报告与演示的需要；要有能满足资料检索、信息交流的现代通信手段；能够储

存和展示学生翻译实践的成果。

2.传授给学生日常的计算机和网络技术

翻译活动离不开网络，掌握一些常见的网络技术是进行准确、高效翻译的必备条件。因此，在网络环境下，翻译教师不仅要给学生介绍有关的翻译理论，传授常见的翻译技巧，还应该教给学生常见的计算机和网络技术，当然前提是翻译教师自身已熟练地掌握了这些技术。首先，为了使学生在翻译时能迅速、快捷地在网上查找资料，学生应该掌握一些网络搜索技术。

其次，使学生了解和学会使用当前流行的或常见的翻译工具或翻译软件。学生可以借助这些工具或软件进行查找或预翻译，然后在此基础上进行修改，这将大大提高翻译的效率和准确率。

此外，还有很多网络交流和沟通平台，学生掌握之后不仅可以与翻译工作坊内的成员进行即时、方便的讨论和沟通，还能向老师、其他同学甚至是外界展示翻译成果。与此同时，学生还可以通过网络向老师或互联网上的其他翻译高手寻求帮助，解决翻译中的难题。

3.在网络环境下开展工作坊式翻译教学的步骤

工作坊式翻译教学是模仿"工作坊"的运行程序来进行翻译教学。在教学过程中，以学生的翻译实践为主线开展教学，指导教师对整个课堂和翻译过程加以组织、监督和指导，对学生的翻译成果进行评价。

相对于传统的翻译教学，网络环境下的工作坊式翻译教学由于得到计算机、多媒体和网络技术的辅助，其运行过程将更加便捷、有效。笔者将以一次教学实践来探讨网络环境下进行工作坊式翻译教学的步骤。

（1）项目承接。假设当前承接到某公司的一个翻译项目，该项目是翻译一篇题为"What is Blue- Tooth?"的技术文档，字数在 350 字左右，要求将该文档翻译成中文，译文准确、流畅，术语翻译符合规范。

（2）组建翻译团队。工作坊内学生根据自由组合的方式组成 3~5 人 / 组的翻译团队，在团队内学生需要进行角色分配和角色扮演，并且贯穿整个翻译任务工作流程，包括承接翻译任务、了解客户要求（笔者在这里扮演客户的角色）、译组成员确定、译组成员工作任务分配（初级译员、审稿人员和终审人员）、初翻、一校、二校、三校、定稿、向客户交付终稿。

在翻译团队组建完毕之后，将原文、要求及最后交稿时间通过网络发到各个翻译团队负责人的邮箱。

（3）团队协作翻译。团队内的所有成员聚集在一起或通过网络沟通平台进行讨论，分析原文的体裁，应采取的翻译策略，评估翻译的工作量，然后据此制订翻译计划，包括时间分配、资料收集与整合、解决方案、完成进度、如何应付可能遇到的问题等。例如，给学生提供的任务是一篇技术文档的英译汉，属科技文体范畴，因此在翻译时应多采用直译策略，清楚、明白、忠实地传达原文思想和意图；同时，原文内容涉及计算机技术、通信技术等，学生并不了解该领域，而且文中存在大量的专业术语和缩略语。

在经过大量的前期准备之后，接下来翻译团队成员按照各自扮演的角色和分配的任务，在网络和计算机辅助翻译软件的帮助下进行协同翻译。翻译的过程中，作为初翻的译员可以随时就翻译中碰到的问题与组内其他同学进行沟通，商讨解决策略，也可以通过网络沟通平分向老师或网络上其他翻译高手寻求帮助。

在初稿完成之后，进入译审环节，扮演该角色的学生对照原文对初稿从词语、句子、段落和篇章等各个层面进行审查和修改，在此过程中如发现问题，译审可以点击 Word 文档下面的"修订"按钮，保留修改痕迹，然后经过组内成员共同商讨，确定译文。经过几轮的修改之后，最终形成定稿，并提交终稿。

（4）翻译成果展示。完成协同翻译、提交终稿并不意味着本次翻译教学过程的结束，还有一个重要环节，即翻译成果展示。

在该环节，每个翻译团队不仅仅要向老师展示其翻译成果，还要向工作坊内其他小组展示其翻译成果。展示过程可以分为公开陈述（Presentation）和讨论（Discussion）两个部分。各个翻译团队利用PPT形式对翻译成果进行展示，在展示时不仅要呈现其最终的译文，还要向老师和其他团队陈述其翻译过程、翻译思路，重点挑选出值得探讨的问题供同学们一起讨论。接下来，其他团队成员可以进行点评，也可以结合自己的翻译实践，或发表评论，或提出问题，或给出解决问题的策略。事实上，讨论的内容和问题往往带有普遍性和典型性，很多都是各个团队都遇到了的，因此，教师可以充分地利用这个时机，对此进行点评和解答，此时往往会起到事半功倍的效果。

（5）翻译质量评估。对每个团队在整个教学活动中进行评估，评估的指标不仅仅是最终译稿的质量，还应该包括其他一些方面。

二、教室网络中的交互式翻译教学模式

在教学过程中，如果没有教师的参与，学生自己也不能很好地完成翻译活动。教师可以通过互动过程中学生反馈给他的信息对教学内容、情景及指导原则进行调整，而学生则可以通过教师的指导信息对自己的产品有一个正确的认识。在学生的翻译过程中，教师可以随时随地监督查看学生的译文，既可以调出某位学生的译文在全班讲评，也可以随意挑选学生的译文在教室局域网上公开修改。在修改过程中，可以附带口头解释，也可以没有，因为这样可使学生对教师反映在修改过程中的思维活动一目了然，真正做到心中有数。

　　在传统的教室中，教师如果让学生当堂做练习，往往只能在自己毫无准备的情况下拿某位学生的翻译作为例子来讲评，不太可能现场挑出某位最有典型意义的译文进行讲评，更不可能将自己的修改过程充分地展示给学生。教师虽然可以把学生当堂上交的作业带回家，但是等到下次课堂上讲评时，学生可能已经对上次完成的翻译作业没多少印象了，这对翻译课的效果来说是很不利的，会使课堂的效率大大降低。而在网络教室中，教师可以同时观察多个学生的译文，能及时发现最典型的错误，找到最典型的译文并及时进行讲解。比起传统的翻译课教学模式，网络翻译教学更加直接和方便。当然，教师没有必要充当审判官，可以提出一些问题供学生讨论，也可以提出一些翻译线索供学生进行实践性尝试。由于网络教室提供了一种相互沟通的开放式环境，教师不必在学生翻译时走到他们面前才可以看到译文，即使学生知道老师在控制台上监看他们的翻译过程，他们也不会有任何不自在的感受。

第七章　多元化的英语翻译教学模式创新与实践

本章主要对四种英语翻译教学模式进行了分析，分别是基于语言思维与翻译思维的英语翻译教学创新与实践、基于生态化创新的英语翻译教学创新与实践、基于应用文本的英语翻译教学创新与实践、基于翻转课堂教学模式的英语翻译教学创新与实践。通过本章的学习，读者可以对英语翻译教学的模式创新产生更加多元化的认识。

第一节　基于语言思维的英语翻译教学创新与实践

一、语言思维

语言思维是人的语言表达能力与综合思维的关系，是用语言承载和表现思维的过程。

语言与思维的关系一直是语言学界颇有争议的问题。本节将回顾语言与思维关系的传统观点，并站在现代唯物主义和进化论的立场上，通过对人类种系和个体发展阶段的分析，论述语言与思维的具体关系和相互影响。另外，翻译思维是语言思维的重要体现之一，因此，本节主要探究语言思维与翻译思维。

语言是人类重要的思维工具，也是人与人之间相互沟通的表达符号。人们借助语言可以保存和传递人类文明的成果。语言也是各个民族的重要特征之一，通常而言，每一个民族都有属于自己的语言。汉语、英语、俄语、法语、西班牙语、阿拉伯语都是世界上的重要语言。汉语是世界上使用人数最多的语言，英语则是世界上使用最广泛的语言。

探究语言思维需要明确语言和思维的基本含义及两者之间的关系。

1. 语言

何为语言是研究一门语言时需要考虑的首要问题，只有对"语言是什么"有了一定的了解，才能进一步研究语言的理论及其实践。语言的客观存在形式首先表现为人类社会中人与人之间的口头交际行为。我们每个人从出生那天起就始终生活在一定的社会群体之中。人类为了繁衍生息，为了共同进行劳动生产，为了保护个人和整个群体，就要互相合作、互相协调，这就需要互相传递信息，互相交流思想感情。人和人之间互相传递信息，互相交流思想感情，最主要的方式是进行口头交际，也就是"说话"。

语言就广义而言，是一套共同采用的沟通符号、表达方式与处理规则；是生物同类之间由于沟通需要而制定的具有统一编码解码标准的声音信号；是以语音为物质外壳，由词汇和语法构成并能表达人的思想的符号系统。符号会以视觉、声音或者触觉方式来传递。严格来说，语言是指人类沟通所使用的自然语言。人们彼此的交往离不开语言。尽管通过文字、图片、动作、表情等也可以传递人们的思想，但是语言是其中最重要的也是最方便的媒介。

2. 思维

从现代唯物主义和进化论的观点来看，思维，即人脑对客观现实的反应过程。具体地说，它是在表象、概念基础上进行分析、综合、判断、推理等认识活动的过程，它是人类特有的一种精神活动，是从社会实践中产生的。

一方面，语言是人类思维载体及交流的工具。这个观点可以追溯到柏拉图时代，众所周知，通过语言可以了解思维。另一方面，思维还支配着语言。没有思维就没有交际，语言就失去了意义。两者相互作用、相互发展，关系密切。

3. 新角度下语言与思维的关系

在语言学领域，语言与思维的先后及其关系一直是一个颇受关注的问题，本观点从两者各受彼此影响的传统观点论证角度探究入手，用相关实证的分析和论述提出思维先于语言而存在的观点。另外，从两者内部关系看，思维与语言的关系不仅仅是传统视角下所认为的相互依赖，思维对语言更是起主导能动性作用，思维是可以独立于语言之外的导向性存在，充分肯定思维的能动性对人类语言交际具有重要意义和非凡作用。

语言与思维的关系，究竟是前者决定后者还是后者决定前者，或者两者是以怎样的关系联系在一起，这一系列问题的研究，直到现在也没有定论。诸如"语言和思维互为依存，是同时产生的""语言是思维的工具，思维是用语言来存在的""语言方式决定人的最基本语言思维方式和最基本章节化形态的内核"等观点都曾流行于语言学界的报端和论坛。其中有两个主要的观点：一个是统一论，即语言和思维是同时产生、存在并同时进行的同一事物，彼此间存在必然的依赖关系；另一个则是分离论，即语言与思维是可以分离的两个方面，思维可以独立于语言之外。在新角度下，语言和思维具有如下关系：

（1）思维对语言起主导和能动性作用。语言主要是一种用于表达可交流的思想的语言符号系统。这就意味着交流思想、传递愿望、透露意图是人类产生语言和运用语言的根本目的。人们相互之间了解或表达彼此的思想、情绪和心愿时，需要借助一组特定的语言符号系统使这些脑中内部的思维活动（思想内容）具体化与实在化，这就是所谓的"语言是思想的直接现实"。

在整个认知过程中，思维起着主导能动性作用，人如果要将自身思维能动活动的意念结果表达出来，就必须从大脑储备的语料库中选择适当的语言符号，借助口腔、声带等生理器官，给思维中想要表达的概念穿上语言的外衣。语言是一种思维表达的技巧，是信息传递的最主要的工具，是一种输送大脑思维活动内容的载体，也是一种辅助思维能动意愿产生实质效果的方式手段，即语言所表达出来的内容和形式由思维的内容和形式所决定。人们创造新词汇也是思维对语言作用的表现。以英语为例，合成构词法就具有"语言临摹法"，其基本观点是：句子或词语的顺序与思维的顺序是相对应的。

（2）语言促进思维的发展。语言的训练能够加速认知的发展。语言具体化、实物化、符号化的特征决定了其在思维活动中发挥清晰和条理化的作用，它能够使抽象的思想更加明确和形象。于是，语言可以归纳和确认人们在相互交流思想和经验中所产生的抽象概念，使之成为可以捉摸、可以利用的表象化和真实化的认识形式，从而为社会服务。作为交流思想的重要工具，语言不但可以表达个人的思想成果，并使它成为集体智慧，而且可以代代相传、代代积累，不断丰富、不断发展。例如，在欧洲早期，学习拉丁语的目的并不是完全用于交际，而是因为拉丁语是一种逻辑性非常强的语言，教学者希望通过学习拉丁语锻炼和提高学习者的逻辑思维能力。由此可以看出，语言有促进思维发展的作用。

在现实生活中，人们经常会听到这样一句话："只可意会，不可言传。"这是指在表达时明明知道自己想要表达的意思，感到某些词就在嘴边，可是一下子就说不出来，这说明人们的头脑里已经有了某种思维活动所产生的概念印象，可用来传达这种思想意识的词语却没有立即出现，可见思维和语言有时候并不是同步出现的。思维的玄妙之处有时也并不是语言所能传达殆尽的，思维的美就在于可以天马行空地飞翔和游走，而语言作为一种具体实际的表达手段和阐述途径，也有其自身局限性。

词语的出现是人类思维的具体构筑和融合实现，因为真正绚丽多彩的新思想新触感往往在脑中闪现于一瞬之间，人们可以意识到它的存在，却未必能用语言捕捉到思维灵感的奥秘和精华，与之相应的语言形式就似乎显得单薄、简单而无力。在艺术家眼中，艺术构思就是一件脱离了语言形式而融合多姿多彩内心视觉意象和内心听觉表象的一个动感的主观能动思维活动，其中裹挟的大量内心生动逼真的思索活动是人无法用言语描述与呈现的。例如，画家在动笔临摹眼前的一幅山水画时，并不需要用语言参与加工勾勒这样的景象，而是在脑海中用一系列生动形象的画面构思体现自己意识感观中的美感和印迹。

传统理论认为，思维的产生离不开语言的介入和辅助，没有语言就无法进行思维活动。思维生成的入口和表达的出口都是语言物质，语言工具必然先于思维而存在。这类观点否定了人类思维所具有的主观能动性的作用和效果。应该看到，语言在思维需要明确、清晰并进行条理性表达的时候，具有铺垫和整理思路以及意念实施准备的作用，是思维最终成为可传输性和可理解性规约符号的必然阶段和途径，即"语言是思想的直接现实"。在人的整个认识活动中，思维占据主导作用，具有主动权，当思维要表达的概念和信息要通过口腔、声带等生理器官呈现出来的时候，语言的物质媒介才能发挥不可或缺的辅助性工具作用。语言的职能是使思想明确化和实物化。从思维和语言的起源及发展谈起，阐明二者并非"同时产生"，而是思维先于语言产生，思维对语言有主导能动性作用，语言促进思维的发展；从社会实践看，思维是可以独立于语言之外而存在的，通过举例论证指出传统观点"人类的思维活动是在语言的基础上进行的，思维离不开语言"具有片面性。

二、语言思维与英语教学

英语教学在本质上是语言教学，语言思维和英语教学有着密切的联系。本节主要探究英语思维与英语教学的关系，在此基础上探究中国英语语言教学中的汉语思维对英语教学的影响。

（一）英语思维与英语教学

作为英语教师，会经常对学生说用"英语思维"，才能说好或写好英语。

英语属于印欧语系，是音素文字，字形表音不表意。由于声音不同于图像，不能形象化（象声词除外），其词义本身与字形没有直接的意义联系。这就需要形成一套抽象的概念，使学生产生联想，将字组成画面，才能清楚地表达意思。因此，重视抽象思维是西方人的思维习惯，也是西方文字的一大特点。英语思维是指随时随地都能用简洁流利纯正的英语，表达头脑中的所思所想。任何英语学习者都明白，学习英语一定要知道如何用英语进行思维。因此，培养学习者运用英语思维的能力就成了英语教师的重要职责。

1. 英语思维与英语语言

英语是学生习得的第二语言。英语教师若要讲清英语与汉语之间的区别，要求学生用"英语思维"未免不切实际。让学生像使用母语那样使用英语，并用纯正的、流利的英语表达自己的所思所想，形成本能的条件反射更有难度。所以，首先应让学生知道英语语言与英语思维的关系。语言学专家连淑能指出，中西语言思维方式存在以下差异：伦理型与认知型，整体型与分析型，意向型与对象型，直觉型和逻辑型。英语语言与英语思维是密不可分的。英语思维的结果主要用英语语言来记载和交流。英语思维创造英语语言，反之，英语语言可固定英语思维方式，并帮助强化英语思维。英语语言是交流思想的工具，也是英语思维的主要表现形式。

2. 培养英语思维

布鲁姆认知理论提出，帮助学生建立英语思维通常分为两个阶段：第一阶段是记忆和理解。教师可以从学生最近的兴趣点出发，联系已有的背景知识，借用一些美式思维图表，辅导学生阅读各种材料，帮助学生记忆和理解材料中的知识。第二阶段是应用、分析、评价和创造。许多专家认为培养学生的英语思维非常重要。学生用英语思维去处理事物的能力越高，接受英语语言的能力就越强。不过，英语思维的培养是一个循序渐进的过程。最佳方式是运用"浸入式学习英语语言"的教育方式，也就是让学生置身于一个真实的自然语境中，帮助学生用英语思维进行英语学习；也可让学生用英语去学习专业基础课和专业课。培养英语思维最有效的途径有以下几种：

（1）通过观看英语电视剧（最好是美剧）学习对话、模拟对话。随着多媒体技术、网络技术在英语课堂的深入应用，在课堂上观看原汁原味的美语电视剧片段逐渐普及。因此，在英语对话课上，可以让学生置身于真实的语言环境中，随着电视剧故事情节展开英语听力的学习，这种身临其境的场景对话可让学生真正实现与英语语言"零距离"的接触。

（2）通过观看电影学习英语名著，然后阅读英语名著。如果让一名学生拿起一本厚厚的英语名著认真研读，书上的陌生单词不但会令学生望而却步，书中出现的各种人物也会让学生眼花缭乱，而这些名著对学生强化英语思维、记忆经典语言用法以及了解作品中的人文文化来说都非常重要。为了解决学生在学习中出现的学习障碍，可采用看电影——复述故事情节——评价人物——角色表演——研读原著的方法。阅读原著时，允许学生通过查阅字典、上网查找资料、请教老师等方法和途径理解作品中的英语语言，最终理解整部作品。

（3）用英语讲专业课或专业基础课。学生学习英语时，如果可以在母语环境中自由运用英语，那么就会巩固其英语思维，学生也因为能自由运用第二种语言而有成就感。在讲解时，可以允许学生在使用英语语言中出现一些瑕疵。对那些基础差的学生可以英汉对译，并试着用英语讲述本专业的基础课和专业课，时间一般控制在 10 分钟，目的是让每位学生都能有机会进行练习。学生所讲的学科根据自己的爱好选择，备课期间允许学生查阅字典、上网查资料或请教他人。学生在运用英语思维的过程中，其思维就会得到强化，运用英语的能力也会得到提高。

（4）用英语唱歌、朗诵英语歌曲和英语诗歌。用英语唱歌、朗诵英语歌曲和英语诗歌可以体验英语语言中的文字精华，其中荟萃了英语语言中最具英语思维的词汇，这些词汇是从大众英语语言中提炼出来的，言简意赅，包含很多寓意。在音律和韵律的陪衬下表达作者不同的思想感情，学生通过吟唱和朗诵来陶冶情操，享受英语语言的博大精深和深厚的语言意境。此时的英语语言成了很多作者思维形式的再现。这种英语思维会对学生的思维起到很好的示范和启发作用。

（5）用英语播新闻。新闻是英语语言最精华、最正式的实例运用，新闻的作者运用的英语思维最为正式。让学生像播音员一样朗诵各种新闻，无形中对学生的英语思维起着重要的强化作用。这种阅读方式集声音、词汇、消息于一体，学生在不断地朗诵中一定会对英语语言与英语思维有新的认识。

3.英语思维的益处

学校的学生因为生活环境的不同，思考问题的角度也会有所不同。在课堂教学中，英语教师一定要鼓励学生用英语思维，以提高学生的创造思维能力。慢慢地这种思维就会演化为学生的一种创造思维。教师应利用一切场所培养学生的创造思维能力。在课堂上鼓励学生敢于提出个性化的问题，对学生提出的各种问题，教师应乐于接纳并帮助学生解答。在这里学生成了语言的冒险家，在不断地探险中提升了创造思维能力。

学生正确运用迁移规律的能力应该得到加强。学生在中文语言环境中生活，英语教师要想方设法帮助学生转化为用英语思维。这就要求英语教师很好地利用迁移规律启发学生的思维。这里指的语言迁移，即在第一语言习得环境中所获得的知识向第二语言学习迁移。在英语学习过程中，学生已掌握的汉语知识时时在起作用，在一定程度上影响着英语的学习，这种影响就是"语言迁移"带来的。迁移现象与英语思维的概括过程有着十分密切的关系，弄清了这些关系，学生利用语言迁移规律的能力就加强了。

学生的定式思维对英语学习的影响减少了。定式是心理学术语，是人们在认识和评价客观事物时的一种特殊心理状态。定式的产生往往是人们在惯用某种方法去解决一系列相似问题时而形成的，即习惯于用一种固定思路去考虑问题。学生生活在中文环境中，习惯用中文的思维方式思考英语学习过程中遇到的问题，最简单的例子就是在与学生交流中会出现许多"中国式"英语。学生甚至感觉不到自己英语学习中有这种"定式"。

（二）汉语思维与英语教学

汉语思维对英语教学有很深的影响，主要表现在词汇、语法、篇幅的理解上。英语词汇会出现很多同音形异词和同音异义词，在汉语中则没有。在语法上，英语多采用被动语态、定语从句等，而汉语中受到人本思想的影响则多以主动语态为主。很多学生在英译汉的时候常常是明白大概意思，但是没有办法流畅地表达出来，在汉译英的时候又会出现汉式英语的情况。这主要是由于学生一直在用汉语思维学习英语，而没有研究中西方文化差异所造成的。

1.汉英思维差异

语言和思维方式都属于文化范畴，但又受到民族文化和哲学观念等因素的影响。就文化本质而言，中国学者吴森教授在论及中西文化精神基本差异时指出，西方文化有三大支柱：科学、法律、宗教。中国的文化有两个基石：一是道德，二是艺术。但中西文化最显著的差异是中国文化重视艺术，西方文化重视科学。科学的精神是按照抽象的符号，利用分析和实证的方法，从而对事物做理性的解释，目的在于寻求真理。艺术的精神是借着具体的意象，传神达意、画龙点睛地来表达感情或判断价值，目的是价值的欣赏和创造。中国五千年的文明历史形成中国特有的文化特质。对于人与自然的关系，中国人崇尚天人合一，认为人与自然、人间秩序与宇宙秩序、个体与社会是一个不可分割的整体、两者互相影响、互相对应的有机整体，人要顺从自然规律。这种万物皆一的整体观念使中国人习惯于整体具象思维，在语言上讲求整体、重直觉。西方人崇尚天人两分，认为人与自然的关系是对立的，而且人处在支配改造的自然地位。

2.汉英思维差异对英语教学的影响

世界上各民族的人们在各自独特的历史中形成了不同的思维模式。语言材料的组织、语言信息的传递都要遵循这些特定的思维模式。换言之，语言表达要受思维模式的制约和影响。如果一个人在进行交际时先用汉语的思维模式来组织语言，再用英语的语言符号来进行表达，就会出现信息传递上的失误，造出一些"汉语思维＋英语形式"的中式英语。因此，教师有必要对学生进行一些中西思维模式差异的对比介绍，帮助学生说出、写出地道的英语句子。

不同的思维模式决定了不同的语篇结构。在学生的写作技能训练上，教师不仅要帮助其修改用词及语法方面的错误，还应该从文章模式、语篇结构上给予其指导，真正帮助他们提高英语写作水平。在阅读理解、听力理解等练习上，教师应该指导学生从找文章的主题句入手，通过主题句来掌握篇章的主旨大意及作者的写作意图。

三、思维在翻译教学中的应用

翻译不仅是一种语言活动，同样也是一种思维活动，思维是翻译活动的基础，对翻译活动能够产生重要的影响。英汉思维方式对比在翻译教学中的应用，能够有效提升学生的翻译质量，培养学生的英语思维能力。

这里主要对英汉思维方式对比在翻译教学中应用的意义和措施进行分析，以期能够帮助学生更好地学习英语，提升学生的英语翻译水平。

（一）英汉思维在翻译教学中应用的意义

中国和西方国家由于受到宗教信仰、文化习俗、地理环境等多方面的影响，人们在生活习惯和语言表达方面也存在着一定的差异。在英语翻译教学的过程中，要注意灵活运用多种教学方式，提升学生的英语思维能力，使学生能够在正确理解英国人真实想法的基础上，进行准确的翻译，最大限度地减小两种语言所表达出来的差异。英汉思维方式对比在翻译教学中应用具有重要意义。

英汉思维方式对比在中英翻译教学中的应用，有利于提升学生的翻译水平，培养学生的英语思维能力和跨文化意识，对学生未来的工作和发展将会产生重要的影响。

1. 提升翻译水平

在翻译教学的过程中，运用英汉思维对比的方式，能够使学生更加清晰而深刻地了解中英两地的口语表达形式，从而更加准确地进行中英互译，提升学生的翻译水平。

2. 培养英语思维

翻译教学的重点不仅在于提升学生的中英翻译质量，同时也需要通过长时间的中英翻译教学活动，培养学生的英语思维能力。在中英翻译教学的过程中，运用英汉思维对比的方式，能够增加学生对西方文化的认识，培养学生的英语思维和跨文化意识。

加强对学生英汉思维方式的对比指导，有利于扩展学生的视野，培养学生的跨文化意识，提升学生的英语思维能力。

（二）英汉思维在翻译教学中的应用措施

在翻译教学的过程中，教师要注意根据学生的性格特点进行科学的教学设计。在充分调动学生学习热情的基础上，创建良好的教学氛围，加深学生对知识的理解。

1. 借助信息技术，激发学生的学习热情

在中英翻译教学的过程中，教师可以借助多媒体等信息技术手段，通过播放电影、视频片段等方式，营造良好的教学氛围，使学生能够通过亲身观看影片，走入西方文化生活当中，切实感受中西方生活习惯和语言表达的不同之处，从而在轻松、活跃的氛围中，学习到更多的知识，并提升学生的灵活运用能力。

2. 结合具体案例，培养学生的英语思维

在翻译教学的过程中，教师可以结合具体的案例，进行案例指导教学，通过讲故事的方式，在充分激发学生注意力的基础上，培养学生的英语思维和中西方文化差异对比习惯。

3. 鼓励日常积累，培养学生的对比习惯

在日常教学活动中，教师不仅要指导学生对中西文化进行对比和学习，同时也要鼓励学生进行日常积累，培养学生的英汉思维对比习惯，使学生的英汉翻译水平能够得到快速的提升，培养学生的英语思维能力。

总之，英汉思维方式对比在翻译教学中的应用，能够有效提升学生对英汉思维差异的认识，拓展学生的视野，丰富中英翻译教学的内容，帮助学生快速提升自身的中英翻译质量，创建高效率、高质量的中英翻译教学模式。

第二节 基于应用文体的英语翻译教学创新与实践

应用文体是人们交流思想、交流经验、传递信息、沟通公共关系、处理具体事务的一种工具。

应用文体是文体的一种，因此本节首先对文体进行概括性的解释，在此基础上顺利地引入了应用文体翻译的相关内容。本节的最后我们选取了和现代生活非常接近的应用文体中的旅游文体为例，介绍了旅游文体翻译教学实践的相关内容。

一、文体概述

文体关系到一则语篇在语言使用上的方方面面。文体不同，语言的表达习惯和使用特点也有极大的不同。因此，在深入研究各类实用文体的翻译之前，我们首先必须了解与文体相关的几个重要问题：文体的定义、文体与各语言层级的关系、文体学。

（一）文体的定义

"文体"在文学批评中又被称为"风格"。要给"文体"一词下一个确切的定义十分困难。关于什么是文体，中外学者都对此进行过研究。下面就给出几个具有代表性的中外学者的观点，以便读者更好地理解和认识文体的概念。

1. 西方学者的观点

英语中的 style（文体）一词源于 Styluso，古罗马人用一种叫作 stylus 的尖头铁笔在拉板上写字。要想用这种笔写好字，就必须具备驾驭铁笔的能力。后来，Slyle 一词的词义逐渐扩大。现在，style 既可指某一时代的文风，又可指某一作家使用语言的习惯；既可指某种体裁的语言特点，又可指某一作品的语言特色。

英国作家斯威夫特认为，"将恰当的词用在恰当的地方即是风格的确切含义。"艾布拉姆斯在《文学批评术语辞典》中指出，"风格是散文或诗歌的语言表达方式，即一个说话者或作家如何表达他要说的话"。卡顿在《文学术语辞典》中提出，"文体是散文或诗歌中特殊的表达方式；一个特殊的作家谈论事物的方式。文体分析包括考察作家的词语选择、话语形式、写作手法（修辞和其他方面的）以及段落组织——实际上即他的语言和使用语言方式的所有可以觉察的方面"。

2. 中国学者的观点

中国南北朝时期著名的文学评论家刘勰在《文心雕龙》中提道："若总其归途，则数穷八体：一曰典雅，二曰远奥，三曰精约，四曰显附，五曰繁缛，六曰壮丽，七曰新奇，八曰轻靡。"他将文体分成了八种。他认为"辞尚体要，弗惟好异，盖防文滥也"。也就是说，文章要体现精要，不能只喜好奇异，以防止滥用文辞。

《辞海》给出的"文体"的释义有如下两层含义：文章的风格。钟嵘《诗品》卷中（陶潜诗）"文体省静，殆无长语"。也称为"语体"，为适应不同的交际需要而形成的语文体式。一般分为公文文体、政体文体、科学文体、文艺文体等。

《古代散文百科大辞典》对"文体"的释义也有两层含义：①文章的风格体制。它取决于文学所反映的内容，由语言、结构、表现手法、文学技巧等形式因素构成，具有时代、社会、个人的特色。②文章的表达方式及规格与程式，即文学体裁。就散文而言，从表达方式分，有叙事体、说明体、议论体、抒情体等；就应用场合、书写程式而言，有公文、社会交际应用文等。

文体一旦形成，有相对的稳定性、独立性。各种文体都有自己的构成要素，是约定俗成的，必须遵守。

《西方文体学辞典》对风格的应用领域及含义进行了这样的介绍：简单来说，风格指书面或口头表达方式，我们可以说有人用"华美的风格"写作，或用"滑稽的风格"讲话。有的人认为，风格还具有鉴赏的含义，如"高雅的"风格或"低俗的"风格。

综合上述对文体定义的研究，我们认为文体应该是文学作品的体制、体式、语体和风格的总和，是一个时代的社会历史和文化精神的凝聚。它以特殊的词语选择、话语形式、修辞手法和文本结构方式，多维地表达了创作主体的感情结构和心理结构，需要外语学习者扎实掌握。此外，文体有广义和狭义之分。广义文体指一种语言中的各类文体，狭义的文体指文学文体。广义的文体和狭义的文体中又包含很多分支。

（二）文体与语言层级的关系

1. 语音与文体

语音具有辨义与表意功能。巧妙地调配和运用语音的各种形式有助于语用信息的准确传递和人物形象的生动刻画，从而使语言表达更加形象真切，取得与语言目的、思想内容相呼应的文体效果。

2. 词汇与文体

根据不同的标准，可以将英语词汇分为不同的类别。除共核语言和专业术语的分类外，英语词汇还可以分为标准语与非标准语、区域语与方言、正式语与非正式语等。不同文体、不同语类所使用的词语类型也不同。由此可见，词汇的类型可以反映作者的写作风格。只有认清了原文的写作风格，翻译时才能选择准确、恰当的词语。一般来说，议论文、说明文和记叙文的主题显得严肃、正式一些，书信、通知、日记等应用文体的主题相对轻松、随意一些。因而，前者选词就会书面化，后者则尽量口语化。

另外，就词汇的理解而言，具体文本中的某个词汇不能仅靠查字典就判断其含义，而需根据不同的文体特点、词汇所出现的语境、词的情感内涵和作者的意图来理解作者所要表达的思想感情。因此，要想透彻地理解各种文体中的词汇，不仅要掌握有关语言的基本知识，还要了解词汇的演变情况以及它们与英美文化、历史、社会和政治背景的密切关系，这对理解语篇的深层含义，把握好译文的总体风格而言十分重要。

3. 句法与文体

语篇中句式的选用不是随意的，而需要根据作者的写作目的、语境等因素而定。各个不同的句式往往有着不同的语用功能。例如，排比句的使用便于表达强烈的感情，突出所强调的内容，增强语言的气势；圆周句的使用能够抓住读者的注意力，或取得讽刺、幽默的效果；长句逻辑严谨，能够表达复杂的概念，可以描述人物曲折的思维过程和复杂的心理活动。因此，对句式的把握有助于我们加深对语篇的理解，从而做好翻译工作。

4. 文供与语篇

文体不同，语篇的结构也有所差别。文章体裁不同，段落关系不同，篇章的层次处理就有所不同。例如，小说语篇通常包括背景、人物事件或事件群、结局、评论。辩论性文章一般由三大部分构成：提出问题、反驳与论证、结论。说明文的语篇模式比较固定、整齐，一般是先提出一种论断，然后从几个方面加以说明。下面就对常见的两种文体进行模式分析。

（1）记叙文。记叙文是叙述人物经历、事件经过的一种文章体裁。因此，记叙文以写人、记事、状物为主要内容，以叙述和描写为表达方式。以记事为主的记叙文通常会按照事件、经历的时间顺序完整地交代事件的时间、地点、人物、起因、经过、结果。以写人为主的记叙文通常注意肖像、行动、语言、心理及细节的描写。以写景为主的记叙文通常会抓住景物的主要特征，有层次地将景物描写出来，同时还会注意人与景的情感交融。

（2）议论文。议论文是利用证据、逻辑、推理来表达作者观点的一种文章体裁。议论文中，作者或直接提出自己的观点，或驳斥别人的观点。无论哪一种，都必须有明确的观点、充分的论据、精练的语言、合理的论证和严密的逻辑。

议论通常包括引文、正文和结论三部分。引文中包含文章的论点；正文部分包含有助于证明作者观点的事实、数据、事例、常识或亲身经历；结论部分是对全文的总结或进一步阐述文章的主题。

（三）文体学

1. 文体学的流派

在不断发展和完善的过程中，文体学出现了众多理论派别。它们分别是：20世纪60年代末以前的形式文体学，20世纪70年代初的功能文体学，20世纪80年代的话语文体学及20世纪90年代的社会历史文化文体学。

形式文体学派采用索绪尔结构主义语言学、布龙菲尔德描写语言学、乔姆斯基转换生成语法等形式主义语言学理论来进行分析。

功能文体学是"系统功能文体学"的简称，是指以韩礼德的系统功能语言学为基础的文体学派。韩礼德认为"文体存在于语言的任何领域之中"。他区分了语言的三种功能：①表达说话者经验的"概念功能"。②表达说话者的态度、评价及交际角色之间关系等因素的"人际功能"。③组织语篇的"语篇功能"。

话语文体学始于20世纪80年代，它是采用话语分析模式以及语用学和语篇语言学来进行分析的文体派别。语用意义指的是说话人使用的词语本身的意义，它与说话人要通过这些词意欲表达的意义以及说话时的情景（context）密切相关。话语含义分析是由格赖斯首先提舟的，他认为人们在会话时会遵循数量准则、质量准则、关联准则和方式准则这四项合作原则。而人们在会话时也经常会违反这些准则，也就是说这些准则并非那么严格。当说话人违反这些准则时，听话人就能觉察出说话人的言外之意或话外之音。所谓的会话含义也就是听话人推测出的言外之意。

20世纪90年代迅速发展起来的社会历史文化文体学是建立在之前几个派别的基础上的。语言作为一种物质载体，它离不开历史和文化。社会历史文化文体学家认为，文体学的任务就是揭示和批判语言中蕴含的意识形态和权力关系。

2. 文体学的研究对象和范围

国内外已有许多学者做过关于文体学的研究，虽然文体学研究存在各种流派，他们从不同的视角对语言使用规律提出了有意义的解释，但国内很多学者都认为文体学是研究语言使用规律的学科。就文体学的研究对象来说有狭义和广义之分。从广义上讲，文体学研究各类英语文体（如记叙文、说明文、议论文等）的语音特征、句法词汇和篇章特点。从狭义上讲，文体学研究文学文体（如诗歌、小说、散文等）的语言特点及语言风格。文体学还研究语言的各种变体。例如，因交际媒介的不同有口语和书面语之分；因交际双方的关系不同有正式和非正式之分；因社会关系和社会活动不同有法律、科技、新闻、教育、体育和广告等之分。语言的各种变体有其各自的应用领域和应用环境，因此对文体学的研究有利于学习者更好地理解各类文体的语言形式和内容。

3. 文体学的发展

在西方，文体学的理论研究高潮出现在 20 世纪 60—80 年代初，其间涌现出一大批高质量的理论成果。中国英语文体学研究在新时期大致可分为三个阶段：20 世纪 60—70 年代为第一阶段，以王佐良的《关于英语的文体、风格研究》和《英语文体研究和其他》为代表；20 世纪 80 年代为第二阶段，中国文体学教学和研究队伍日益壮大，不少大专院校开设了文体学课程，发表了一批颇有影响力的文体学研究论文，研究范围涉及理论探讨、语体探讨、语体分析和文学语言总体特征等诸方面；20 世纪 90 年代以来，中国文体学出现了可喜的局面，有 380 余篇论文发表，近 20 部颇有特色的专注和教材出版，如徐有志的《现代英语文体学》、张德禄的《功能文体学》等。在这些成果中，有的致力于文体学理论方法的探讨和研究；有的在引介、吸收西方先进的理论和方法的基础上，理论联系实际，针对某些典型的语篇进行了文体分析；有的在分析各派学说的基础上，提出了自己的观点和看法，对中国文体学研究做出了自己的贡献；有的把文体学理论应用于外语教学和翻译实践中，取得了可喜的成绩。

二、应用文体翻译

应用文体翻译是一种用途非常广泛的功能性文体，从内容到形式丰富多样，因而能够适应不同的目的和要求。这里即从理论基础、特点和方法几个方面对应用文体翻译进行分析。

（一）应用文体翻译的理论基础

1. 功能翻译理论

功能翻译理论又称"功能目的论"。1971 年，德国的莱斯首先提出把翻译行为所要达到的特殊目的作为翻译评价的新模式。1984 年她在与费米尔（H.J.Vermeer 的《普遍翻译理论架构》一书中首次提出"目的论"并声称，译者在整个翻译过程中的参照系不应是"对等"翻译理论所注重的原文及其功能，而应是译文在译语文化环境中所预期达到的一种或几种交际功能。在费米尔看来，仅仅靠语言学无法对翻译进行有力的解释和研究，因为翻译不仅仅是甚至主要不是语言过程，翻译是在一定情境下发生的意图性及目的性活动。

20 世纪 90 年代初，德国学者克利斯蒂安·诺德提出的功能目的理论有两项基本原则：翻译各方面的交互作用受翻译目的所决定；随接受对象的不同而变化。根据这两项原则，译者可根据译文所要达到的预期效果，采用适当的翻译方法及策略，即目的决定方式。由于受文化的制约，不同的交际环境下，译文语篇功能与原文语篇功能不一定完全一致，有时相似或有可能完全不同。译者在翻译时要考虑不同的文化交际因素以及译文的预期功能，选择适当的翻译策略及方法，因此，我们可以看出翻译功能理论指导下的翻译方法更加灵活、更加科学，使得译者操作起来更加容易。

功能翻译理论有三大法则：目的法则、连贯法则和忠实法则。

（1）目的法则。目的法则是"目的论"的核心原则。"目的论"创始人之一费米尔对"目的法则"做了以下定义：任何文本都是出于某一目的而制成的，并应为这一目的服务。无论是翻译、口译、言说或写作，都要使文本、译文能够在它们使用的环境中，对希望使用它们的人产生特定作用，而这种作用应该与它们的预期作用完全一致。尽管应用文体的范围很广、涉及的内容多样，并且注重信息传递效果，但是一般都有固定的文体格式和写作套路。因此，目的法则要求译者根据译入语读者的文化背景、思维及语言表达习惯，以传递信息、唤醒读者和诱导行动为目的进行翻译实践。

（2）连贯法则。目的论的连贯法则是指译文必须考虑接受者的背景知识和实际情况，最大限度地做到语义连贯，符合译入语的表达习惯，以便译文接受者能够理解其义。为了遵循连贯法则，在应用文体翻译中，通常会采取直译、意译、音译、增译、减译及转译等各种灵活的翻译方法完成翻译，使译文达到预期的功能和目的。

（3）忠实法则。忠实法则是指原文和译文中应该存在语际连贯。连贯法则要求译文必须让接受者理解，实现语内连贯；忠实法则则要求译文尽可能地忠实于原文，实现语际连贯。三者联系在一起有助于实现译文的文本功能，因此更适用于应用文体翻译，因为应用文体翻译具有实用性、目的性、专业性和匿名性等特点，在翻译过程中，不能简单地追求忠于原文，一味地强调对等。

2.语料库翻译研究

20世纪90年代Baker教授在其论文《语料库语言学与翻译研究：含义与应用》中首次提出将语料库用于翻译研究。语料库是按照一定的语言原则，运用随机抽样的方法，收集出现的连续的语言，运用文本或话语片段而建成的具有一定容量的大型电子文本库。按照语料的语种，语料库可分为单语语料库和多语语料库。单语语料库指只含有单独的一种语言的语料库，有关语料库在语言学习过程中的应用大多基于单语语料库。多语语料库指两个或多个不同语言的语料文本组成的复合语料库，其中包括平行语料库和可比语料库。平行语料库里收集的是某种语言的原文和相应的一种或几种语言的译文。平行语料库中的两种或多种文本互相是对方的译文，用于探索同一内容是如何用两种语言表达的。平行语料库为研究某种意思如何从一种语言转换成另一种语言提供了宝贵的资源，揭示原文与译文、母语与非母语之间的差异，可将其用于诸多实际应用，如词典编撰、外语教学和翻译。可比语料库收集了相同领域中同样内容的不同语言的文本，主要用于对翻译规范的对比研究。平行语料库的建成使语言学家能对比两种文本在词汇、句子和文体上的差异，如两个文本长度上的区别、两个文本词汇的对应程度，并能反映出翻译行为中的特征，研究翻译产生的原因和特点等。

语料库在翻译领域主要的应用是研究翻译的普遍性。语料库可提供利用常规方法很难发现的语义特征、文本风格及语言习惯等，如词语搭配、句法模式、语篇特征以及连贯形式甚至标点符号的使用特征。通过对语料库中不同语篇之间的对比，可以提高译者的语言意识，并且能够帮助译者总结相关的翻译策略，提高自己的翻译能力。语料库研究是数据驱动的定量型分析，是自下而上、从具体数据推导出理论结论，可以重复验证，因而客观有效，从而大大克服了语译学研究的主观性和随意性，成为定性分析的重要补充。所以在翻译领域特别是应用翻译领域，利用语料库，可增加译文的忠实性和准确性。

专业性强是应用文体最突出的特点，这里所指的专业性不仅指在各类应用文体中会运用到的大量的专业术语，还有许多根据不同的文体所产生的特殊搭配以及固定的文体特征。应用文体的专业性特点比较强，因此在翻译过程中译者会面对以下困难：译文文体是否规范、专业术语的翻译是否正确以及词汇的特殊搭配模式是否得当。这些问题仅仅靠基本专业字典是解决不了的，字典不能提供足够的语境和语用信息，并且内容很难保证与时俱进。利用专业的语料库不仅可以查到某一专业词汇的翻译，并且能够查到其在特定语境中的用法和频率信息。专业语料库的容量大，可以储存上千万的文本，所以它提供的信息更广并且实时更新，可以提供专业术语最新的意义和用法。另外，它包含了丰富的真实语言信息，可以向译者展示在特定语境中最自然、最恰当的表达方式。语料库对应用文体翻译的价值可以总结为以下三方面：查找并提取专业词汇的翻译；确定词汇的典型搭配和用法；提高译者的文体意识，使译文更加符合各类文体规范。

3. 功能对等理论

1964年，美国著名的翻译家尤金·奈达在《翻译科学探索》一书中，第一次提出了"形式对等"和"动态对等"。由于不同语言之间在形式上都存在着很大的差距，在翻译时很难达到形式对等，因此奈达特别强调动态对等。奈达的动态对等是指译文读者对译文所做出的反应与原文读者所做出的反应基本一致。"功能对等"是在"动态对等"的基础上提出来的。功能对等翻译是在译文中用最贴切、最自然的对等语再现原文的语义及文体。功能对等理论提倡翻译首先要实现内容对等，其次是形式对等。因此，在翻译过程中，要求译者具有较高的理解能力和表达能力，因为正确地理解原文是翻译的前提，只有正确地理解原文才能准确地将原文所表达的信息翻译出来。

应用文体翻译的目的是传达信息，因此，在翻译过程中，最基本的标准是确保原文与译文在内容上达到最切近的对等，这一理论对应用文体翻译可以起到很强的指导作用，译者可根据译文交际目的，选择恰当的译入语表达形式，使得译文符合译入语读者的认知规律，从而达到最佳的传递信息的功能对等。

（二）应用文体翻译的特点和方法

1. 应用文体翻译的特点

（1）实用性。"实用"是应用文体区别于其他文体的本质属性。实用性是判断应用文写作的重要标准。应用文体翻译对社会产生直接的效应，是向译入语读者传递有价值的、实用的信息，如新闻资讯、科技知识、旅游景点介绍、产品说明书及公告等都具有传递实用性信息的特点。

（2）目的性。一般应用文本的目的性由文本类型本身的功能决定，如广告本身要能够起到劝导作用、新闻本身要达成传递信息之目的，但有时应用文本的目的也可由翻译委托人来决定，如在进行科技文体翻译时，除了它本身的信息传达功能，翻译委托人还可以要求译者在翻译的过程中使用一些具有劝导性的语言，达到让读者购买相关产品的目的。

（3）匿名性。纽马克认为匿名性文本是指作者的名字与地位不重要的文本。应用翻译的匿名性主要体现在以下两点：①很多应用文本翻译不需要加署名，如新闻、合同、公告及广告。人们注重的是此类文体的内容，因此作者的身份通常是"匿名"的。②即使有署名的应用文本，也由于原文与译文的格式不同，译者在翻译时只提取原文提供的信息，然后按照译文的格式和规范进行选词用字，一般不会刻意翻译原作者的名字。

2. 应用文体的翻译方法

（1）直译法。直译法就是指译文在内容和形式上都与原文保持一致的翻译方法。当译文语言与原文语言拥有相同的表达形式来体现同样的内容，并能产生同样的效果时，我们就采用直译法。直译法是应用文体翻译中最常用的一种翻译方法。例如，在科技文体翻译中，直译法能够仔细推敲原词所表达的具体事物和概念，以便准确译出该词的科学概念。

（2）意译法。意译法是指译文与原文内容保持一致，但形式不同的一种翻译方法。如果译文的语言与原文的语言不能用同样的表达形式来体现同样的内容时，我们就要采用意译。意译法同样是应用文体翻译中最为常见的一种翻译方法。

（3）音译法。音译法是根据源语的读音，在译入语中寻找发音相似的内容对其进行翻译，通常用于姓名、企业、地名和国名以及具有民族风格的事物来命名的影片等的翻译。音译词必须连在一起使用，不可拆分，否则没有意义，如 Beijing（北京）等。此外，有些词在汉语中找不到合适的对等译词，使用意译法又比较麻烦，则需借助音译。这类词可分为两类：一是指计量单位的词，如频率单位 hertz（赫兹）、度量信息的单位 bit（比特）等。第二类是指一些新发明的材料、药名及缩略词等，如 hacker（黑客）、nylon（尼龙）等。

（4）增译法与减译法。增译法与减译法是指根据译入语表达习惯以及译入语读者的思维方式，在不影响准确传递信息的基础上，根据译入语的表达习惯，译者可以在译文中适当地增加一些或减少一些词、短语，甚至是句子，以便能达到最好的传递效果。这种翻译方法既能够做到译文文字流畅，又能够准确地传递原文的内容，如就揭示新闻的内容而言，英语标题和汉语标题的侧重点不同，英语标题将内容做"重点化"处理，而汉语标题更注重"全面性"，再加上汉语是一词一义，所以将英语标题翻译成汉语时要适当地加一些词，使其意义更完整。由于英汉两种翻译在词法和句法上的不同，往往在一种语言的表达中可以省去的成分在翻译成另一种语言时要补充回来，通常要补充代词、介词、连词、冠词及动词等。

三、旅游英语翻译教学实践

（一）旅游英语翻译教学中文化差异的处理

旅游英语是一种应用性语言，是不同文化背景下与游客之间的一种纽带和交流桥梁，能够让游客真正了解一个有着丰富文化和历史内涵的中国。旅游翻译主要是通过翻译让翻译后的旅游文本符合译语接受者的审美情趣，起到传递信息、诱导游客、宣传当地文化等功能。采取合适的翻译策略和方法来处理旅游英语中的文化差异是十分必要的，其目的就在于使译文符合西方的审美观点和思维方式，让西方读者看后有深刻的印象。

（二）"泛校企合作"模式下的旅游英语翻译教学

1. "泛校企合作"实践教学模式的内涵与特点

"泛校企合作"是经历了传统教学、校企合作之后的教学模式，是校企合作模式的延伸和发展，是创新的"校企合作"模式。传统教学、校企合作、泛校企合作共同形成"之"字形历史运作的结果，具有复杂的现在历史语境，本身带有产生时代的必然要求，具有鲜明的当代特点；它符合实用英语教学规律，立足区域经济发展特色，与本地社会资源广泛合作，是校企合作实践教学模式的创新版。

对泛校企合作实践教学存在4种观点：①取代说。即用实践取代课堂教学。②并列说。即二者是一个逻辑整体，它们都是对教学的社会属性所做的不同表现，二者皆是教学的本质。③主干说。二者之间有主次关系，有时以教学为主，有时以实践为主，但以其中一种作为主干的思路是明确的。④深化说。实践是课堂教学的深化和发展。

泛校企合作与课堂教学是企业与教学资源模块的重新组合，二者之间不存在任何矛盾。"泛校企合作"的提出在当前具有现实意义，而且也有理论的建设意义，能够启发教学工作者从更广阔的人文科学进步的背景中，思考教学理论本身。同时，也给教育工作者提供一个参与实际活动，在实际教学活动中设置理论课题的机会，使理论更加联系实际，使教学理论能够更具有时代感和现实感；是一种对教学的重新认识，一种追求和把握教学无限感和永恒感的对象化表现。

2. 旅游英语翻译"泛校企合作"实践教学模式的优点

在教学、理论和创新因素分析的基础上，提出"泛校企合作"教学模式，由企业追求利益最大化经营目的、中国市场经济体制和高等院校英语专业的办学特征共同决定。根据教学系统的时变特征，构建了由"双方主体，利益主导"转变为"融为一体，价值观主导"泛校企合作机制模型。随着经济增长方式的转变、泛校企合作的不断推进，英语专业教育工作者认识到走出校园到企业平台实践的重要性，主动向企业靠拢、融为一体。由价值观主导的合作机制是旅游英语翻译泛校企合作的最高境界。其优点具体表现为以下几点：

首先，具有广泛的合作平台。以整个区域社会作为实践平台，对社会资源进行整合利用，充分挖掘与各行各业的合作，促进了高等教育的效能化、多元化、信息化、国际化和大学体制、机制的创新。泛校企合作将信息时代的企业家精神注入高等教育的文化理念之中。

其次，丰富多彩的实践体现教学生态观。大学生进入企业学习，动手实践能力加强，形成实践主体，独当一面，成为创业干将。这种教学生态观是实践教学的支撑，能够激发大学生集体创业意识，投身创业大赛，提升创业能力。

最后，促进校方重视旅游英语翻译实践网络平台的建设与投资，在由校方与专业旅游翻译企业及计算机辅助翻译软件公司共同建立的旅游英语翻译实践网络平台上，学生完全可以利用平台完成实训任务。

参考文献

[1] 刘燕. 基于文化对等角度大学英语翻译教学问题探究及解决策略 [J]. 湖
    北开放职业学院学报,2024,37(06):188-189+192.

[2] 沈安琴. 基于互联网的高职英语翻译教学模式构建研究 [J]. 英语广
    场,2024,(09):115-118.

[3] 熊晨曦. 模糊语言学视角下的大学英语翻译教学研究 [J]. 海外英
    语,2024,(05):36-38.

[4] 郑金萍. 新文科背景下大学英语翻译教学模式优化策略研究 [J]. 海外英
    语,2024,(04):157-159.

[5] 张欣宜. 互联网＋视角下高校英语翻译教学改革研究 [J]. 公关世
    界,2024,(02):76-78.

[6] 林翔. 大学英语翻译教学中跨文化意识的培养策略 [J]. 吉林广播电视大
    学学报,2024,(01):35-37.

[7] 翟向青. 高校英语翻译教学中存在的问题及提升策略 [J]. 吕梁学院学
    报,2023,13(06):88-90.

[8] 杨娜芝 . 大学英语翻译教学实践中错误分析法的运用探究 [J]. 海外英

语 ,2023,(23):118-120.

[9] 杨宇飞 . 基于"师生合作评价"的大学英语教学模式设计与实践——以

翻译实训为例 [J]. 海外英语 ,2023,(23):161-163.

[10] 黄英初 . 新时代英语翻译教学多元路径探究 [J]. 英语广

场 ,2023,(35):68-71.

[11] 居蓓蕾 , 周岩 . 基于功能翻译理论的高校英语翻译教学实践研究 [J]. 吉

林农业科技学院学报 ,2023,32(06):121-124.

[12] 潘盛莉 . 互联网背景下高校英语翻译教学改革策略探讨 [J]. 英语广

场 ,2023,(29):98-101.

[13] 刘方俊 . 以提高学生英语应用能力为目标的大学英语翻译教学研究 [J].

湖北开放职业学院学报 ,2023,36(15):170-172.

[14] 赵丹 . 基于文化自信力培养的高校英语专业汉英笔译课程教学实践探

索 [J]. 英语广场 ,2023,(16):65-68.

[15] 何憬 . 翻转课堂下建筑英语翻译教学实践探究 [J]. 建筑结

构 ,2023,53(06):174.

[16] 邓来英 . 课程思政融入商务英语翻译教学研究 [J]. 海外英

语 ,2023,(05):95-97.

[17] 索佳丽 . "互联网 +" 时代大学英语翻译教学模式创新路径 [J]. 西部素

质教育 ,2023,9(05):150-153.

[18] 张 玲 . 翻 转 课 堂 下 建 筑 英 语 翻 译 教 学 实 践 [J]. 建 筑 结

构 ,2023,53(04):150-151.

[19] 孔艳君 . 生态翻译理论下大学英语翻译教学模式探索 [J]. 辽宁师专学

报 (社会科学版),2023,(01):49-51+61.

[20] 北京市高等教育学会研究生英语教学研究分会 , 安慧梅 . 现代外语教

学与研究 [M]. 中国人民大学出版社 :2023.

[21] 古志鸿 . 对外贸易视角下农业科技英语翻译教学实践 [J]. 山东农业工

程学院学报 ,2022,39(11):37-41.

[22] 郭珣 . 产出导向法视域下高职英语翻译课堂教学实践 [J]. 湖北开放职

业学院学报 ,2022,35(20):182-184.

[23] 申彩云 . 试析翻转课堂在高校英语翻译教学中的运用 [J]. 英语广

场 ,2022,(29):110-112.

[24] 高鹏 . 高职院校商务英语翻译教学中的问题及对策研究 [D]. 渤海大

学 ,2021.

[25] 王朝杰 . 大学英语翻译理论与实践研究 [M]. 新华出版社 :2020.

[26] 胡良玉 . 文化意象视角下英语习语的教学实践与影响因素研究 [D]. 扬州大学 ,2020.

[27] 张莉 . 核心素养下的高职农业类英语翻译教学创新研究 [D]. 湖南农业大学 ,2019.

[28] 田文琴 . 以奈达功能对等理论指导上海重点高中英语翻译教学的尝试 [D]. 上海师范大学 ,2014.

[29] 燕燕 . 语用观视角下的中医英语翻译教学实证研究 [D]. 南京中医药大学 ,2013.

[30] 陈媛媛 . 大学英语翻译教学的问题与对策研究 [D]. 西南大学 ,2009.

[31] 齐凤梅 . 语法翻译法与交际教学法在英语教学实践中的综合运用 [D]. 中国石油大学 ,2009.

[32] 吴忠乾 . 省译法和增译法在高中英语翻译教学中的应用 [D]. 华东师范大学 ,2006.